CAZAQUE
VOCABULÁRIO

PALAVRAS MAIS ÚTEIS

PORTUGUÊS CAZAQUE

Para alargar o seu léxico e apurar as suas competências linguísticas

5000 palavras

Vocabulário Português-Cazaque - 5000 palavras
Por Andrey Taranov

Os vocabulários da T&P Books destinam-se a ajudar a aprender, a memorizar, e a rever palavras estrangeiras. O dicionário é dividido em temas, cobrindo todas as principais esferas de atividades quotidianas, negócios, ciência, cultura, etc.

O processo de aprendizagem, utilizando os dicionários baseados em temáticas da T&P Books dá-lhe as seguintes vantagens:

- Informação de origem corretamente agrupada predetermina o sucesso em fases subsequentes da memorização de palavras
- Disponibilização de palavras derivadas da mesma raiz, o que permite a memorização de unidades de texto (em vez de palavras separadas)
- Pequenas unidades de palavras facilitam o processo de estabelecimento de vínculos associativos necessários para a consolidação do vocabulário
- O nível de conhecimento da língua pode ser estimado pelo número de palavras aprendidas

Copyright © 2019 T&P Books Publishing

Todos os direitos reservados. Nenhuma parte desta publicação pode ser reproduzida, total ou parcialmente, por quaisquer métodos ou processos, sejam eles eletrónicos, mecânicos, de fotocópia ou outros, sem a autorização escrita do editor. Esta publicação não pode ser divulgada, copiada ou distribuída em nenhum formato.

T&P Books Publishing
www.tpbooks.com

ISBN: 978-1-78400-921-2

Este livro também está disponível em formato E-book.
Por favor visite www.tpbooks.com ou as principais livrarias on-line.

VOCABULÁRIO CAZAQUE
palavras mais úteis

Os vocabulários da T&P Books destinam-se a ajudar a aprender, a memorizar, e a rever palavras estrangeiras. O vocabulário contém mais de 5000 palavras de uso comum organizadas tematicamente.

O vocabulário contém as palavras mais comummente usadas
Recomendado como adicional para qualquer curso de línguas
Satisfaz as necessidades dos iniciados e dos alunos avançados de línguas estrangeiras
Conveniente para o uso diário, sessões de revisão e atividades de auto-teste
Permite avaliar o seu vocabulário

Características especias do vocabulário

- As palavras estão organizadas de acordo com o seu significado, e não por ordem alfabética
- As palavras são apresentadas em três colunas para facilitar os processos de revisão e auto-teste
- As palavras compostas são divididas em pequenos blocos para facilitar o processo de aprendizagem
- O vocabulário oferece uma transcrição simples e adequada de cada palavra estrangeira

O vocabulário contém 155 tópicos incluindo:

Conceitos básicos, Números, Cores, Meses, Estações do ano, Unidades de medida, Roupas & Acessórios, Alimentos & Nutrição, Restaurante, Membros da Família, Parentes, Caráter, Sentimentos, Emoções, Doenças, Cidade, Passeios, Compras, Dinheiro, Casa, Lar, Escritório, Trabalho no Escritório, Importação & Exportação, Marketing, Pesquisa de Emprego, Desportos, Educação, Computador, Internet, Ferramentas, Natureza, Países, Nacionalidades e muito mais ...

TABELA DE CONTEÚDOS

Guia de pronunciação	9
Abreviaturas	11

CONCEITOS BÁSICOS 12
Conceitos básicos. Parte 1 12

1. Pronomes 12
2. Cumprimentos. Saudações. Despedidas 12
3. Como se dirigir a alguém 13
4. Números cardinais. Parte 1 13
5. Números cardinais. Parte 2 14
6. Números ordinais 15
7. Números. Frações 15
8. Números. Operações básicas 15
9. Números. Diversos 15
10. Os verbos mais importantes. Parte 1 16
11. Os verbos mais importantes. Parte 2 17
12. Os verbos mais importantes. Parte 3 18
13. Os verbos mais importantes. Parte 4 19
14. Cores 19
15. Questões 20
16. Preposições 21
17. Palavras funcionais. Advérbios. Parte 1 21
18. Palavras funcionais. Advérbios. Parte 2 23

Conceitos básicos. Parte 2 24

19. Dias da semana 24
20. Horas. Dia e noite 24
21. Meses. Estações 25
22. Unidades de medida 27
23. Recipientes 28

O SER HUMANO 29
O ser humano. O corpo 29

24. Cabeça 29
25. Corpo humano 30

Vestuário & Acessórios 31

26. Roupa exterior. Casacos 31
27. Vestuário de homem & mulher 31

28. Vestuário. Roupa interior	32
29. Adereços de cabeça	32
30. Calçado	32
31. Acessórios pessoais	33
32. Vestuário. Diversos	33
33. Cuidados pessoais. Cosméticos	34
34. Relógios de pulso. Relógios	35

Alimentação. Nutrição	**36**
35. Comida	36
36. Bebidas	37
37. Vegetais	38
38. Frutos. Nozes	39
39. Pão. Bolaria	40
40. Pratos cozinhados	40
41. Especiarias	41
42. Refeições	42
43. Por a mesa	43
44. Restaurante	43

Família, parentes e amigos	**44**
45. Informação pessoal. Formulários	44
46. Membros da família. Parentes	44

Medicina	**46**
47. Doenças	46
48. Sintomas. Tratamentos. Parte 1	47
49. Sintomas. Tratamentos. Parte 2	48
50. Sintomas. Tratamentos. Parte 3	49
51. Médicos	50
52. Medicina. Drogas. Acessórios	50

HABITAT HUMANO	**51**
Cidade	**51**
53. Cidade. Vida na cidade	51
54. Instituições urbanas	52
55. Sinais	53
56. Transportes urbanos	54
57. Turismo	55
58. Compras	56
59. Dinheiro	57
60. Correios. Serviço postal	58

Moradia. Casa. Lar	**59**
61. Casa. Eletricidade	59

62. Moradia. Mansão	59
63. Apartamento	59
64. Mobiliário. Interior	60
65. Quarto de dormir	61
66. Cozinha	61
67. Casa de banho	62
68. Eletrodomésticos	63

ATIVIDADES HUMANAS	64
Emprego. Negócios. Parte 1	64
69. Escritório. O trabalho no escritório	64
70. Processos negociais. Parte 1	65
71. Processos negociais. Parte 2	66
72. Produção. Trabalhos	67
73. Contrato. Acordo	68
74. Importação & Exportação	69
75. Finanças	69
76. Marketing	70
77. Publicidade	70
78. Banca	71
79. Telefone. Conversação telefónica	72
80. Telefone móvel	72
81. Estacionário	73
82. Tipos de negócios	73

Emprego. Negócios. Parte 2	76
83. Espetáculo. Feira	76
84. Ciência. Investigação. Cientistas	77

Profissões e ocupações	79
85. Procura de emprego. Demissão	79
86. Gente de negócios	79
87. Profissões de serviços	80
88. Profissões militares e postos	81
89. Oficiais. Padres	82
90. Profissões agrícolas	82
91. Profissões artísticas	83
92. Várias profissões	83
93. Ocupações. Estatuto social	85

Educação	86
94. Escola	86
95. Colégio. Universidade	87
96. Ciências. Disciplinas	88
97. Sistema de escrita. Ortografia	88
98. Línguas estrangeiras	89

Descanso. Entretenimento. Viagens	91
99. Viagens	91
100. Hotel	91

EQUIPAMENTO TÉCNICO. TRANSPORTES	93
Equipamento técnico. Transportes	93
101. Computador	93
102. Internet. E-mail	94
103. Eletricidade	95
104. Ferramentas	95

Transportes	98
105. Avião	98
106. Comboio	99
107. Barco	100
108. Aeroporto	101

Eventos	103
109. Férias. Evento	103
110. Funerais. Enterro	104
111. Guerra. Soldados	104
112. Guerra. Ações militares. Parte 1	105
113. Guerra. Ações militares. Parte 2	107
114. Armas	108
115. Povos da antiguidade	110
116. Idade média	110
117. Líder. Chefe. Autoridades	112
118. Viloação da lei. Criminosos. Parte 1	113
119. Viloação da lei. Criminosos. Parte 2	114
120. Polícia. Lei. Parte 1	115
121. Polícia. Lei. Parte 2	116

NATUREZA	118
A Terra. Parte 1	118
122. Espaço sideral	118
123. A Terra	119
124. Pontos cardeais	120
125. Mar. Oceano	120
126. Nomes de Mares e Oceanos	121
127. Montanhas	122
128. Nomes de montanhas	123
129. Rios	123
130. Nomes de rios	124
131. Floresta	124
132. Recursos naturais	125

A Terra. Parte 2   127

133. Tempo   127
134. Tempo extremo. Catástrofes naturais   128

Fauna   129

135. Mamíferos. Predadores   129
136. Animais selvagens   129
137. Animais domésticos   130
138. Pássaros   131
139. Peixes. Animais marinhos   133
140. Amfíbios. Répteis   133
141. Insetos   134

Flora   135

142. Árvores   135
143. Arbustos   135
144. Frutos. Bagas   136
145. Flores. Plantas   137
146. Cereais, grãos   138

PAÍSES. NACIONALIDADES   139

147. Europa Ocidental   139
148. Europa Central e de Leste   139
149. Países da ex-URSS   140
150. Asia   140
151. América do Norte   141
152. América Central do Sul   141
153. Africa   142
154. Austrália. Oceania   142
155. Cidades   142

GUIA DE PRONUNCIAÇÃO

Alfabeto fonético T&P	Exemplo Cazaque	Exemplo Português
[a]	танауы [tanawi]	chamar
[e]	лейтенант [lejtenant]	metal
[ɛ]	экран [ɛkran]	mesquita
[i]	сендіру [søndiru]	sinónimo
[ɪ]	принцип [prɪntsɪp]	sinónimo
[ɨ]	айқындық [ajqɨndɨq]	sinónimo
[o]	жолбарыс [ʒolbaris]	lobo
[u]	қуыру [quɨru]	bonita
[ʉ]	жүгері [ʒʉgerɪ]	nacional
[ʊ]	қаламұш [qalamʊʃ]	bonita
[ø]	актер [aktør]	orgulhoso
[æ]	әзірлеу [æzirleu]	semana
[ju]	сарғаю [sarɣaju]	nacional
[ja]	саяхат [sajahat]	Himalaias
[b]	баяндау [bajandau]	barril
[d]	құндыз [qundiz]	dentista
[dʒ]	джинсы [dʒɪnsi]	adjetivo
[f]	ферма [ferma]	safári
[g]	үлгіші [ʉlgiʃi]	gosto
[ɣ]	жағдай [ʒaɣdaj]	agora
[ʒ]	қажетті [qaʒetti]	talvez
[j]	өгей ана [øgej ana]	géiser
[h]	халық [haliq]	[h] aspirada
[k]	кілегей [kilegej]	kiwi
[l]	либерал [lɪberal]	libra
[m]	көмектесу [kømektesu]	magnólia
[n]	неміс [nemis]	natureza
[ŋ]	қаңтар [qaŋtar]	alcançar
[p]	пайдалы [pajdali]	presente
[q]	қақпақ [qaqpaq]	teckel
[r]	реттелім [rettelim]	riscar
[s]	саңырау [saŋirau]	sanita
[ʃ]	сиқыршы [sɨqɨrʃi]	mês
[ɕ]	тұщы [tuɕi]	shiatsu
[t]	тақтайша [taqtajʃa]	tulipa
[ts]	инфляция [ɪnfljatsɨja]	tsé-tsé
[tʃ]	чемпион [tʃempion]	Tchau!
[v]	вольт [volʲt]	fava

Alfabeto fonético T&P	Exemplo Cazaque	Exemplo Português
[z]	**заңгер** [zaŋger]	sésamo
[w]	**бауыр** [bawir]	bonita
[ʲ]	**компьютер** [kɔmpʲuter]	sinal suave

ABREVIATURAS
usadas no vocabulário

Abreviaturas do Português

adj	-	adjetivo
adv	-	advérbio
anim.	-	animado
conj.	-	conjunção
desp.	-	desporto
etc.	-	etecetra
ex.	-	por exemplo
f	-	nome feminino
f pl	-	feminino plural
fem.	-	feminino
inanim.	-	inanimado
m	-	nome masculino
m pl	-	masculino plural
m, f	-	masculino, feminino
masc.	-	masculino
mat.	-	matemática
mil.	-	militar
pl	-	plural
prep.	-	preposição
pron.	-	pronome
sb.	-	sobre
sing.	-	singular
v aux	-	verbo auxiliar
vi	-	verbo intransitivo
vi, vt	-	verbo intransitivo, transitivo
vr	-	verbo reflexivo
vt	-	verbo transitivo

CONCEITOS BÁSICOS

Conceitos básicos. Parte 1

1. Pronomes

eu	мен	[men]
tu	сен	[sen]
ele, ela	ол	[ol]
nós	біз	[biz]
vocês	сендер	[sender]
eles, elas	олар	[olar]

2. Cumprimentos. Saudações. Despedidas

Olá!	Сәлем!	[sælem]
Bom dia! (formal)	Сәлеметсіз бе?	[sælemetsiz be]
Bom dia! (de manhã)	Қайырлы таң!	[qajirli taŋ]
Boa tarde!	Қайырлы күн!	[qajirli kun]
Boa noite!	Қайырлы кеш!	[qajirli keʃ]
cumprimentar (vt)	сәлемдесу	[sælemdesu]
Olá!	Сәлем!	[sælem]
saudação (f)	сәлем	[sælem]
saudar (vt)	амандасу	[amandasu]
Como vai?	Қалыңыз қалай?	[qaliŋiz qalaj]
Como vais?	Қалың қалай?	[qaliŋ qalaj]
O que há de novo?	Не жаңалық бар?	[ne ʒaŋaliq bar]
Adeus! (formal)	Сау болыңыз!	[sau boliŋiz]
Até à vista! (informal)	Сау бол!	[sau bol]
Até breve!	Келесі кездескенше!	[kelesi kezdeskenʃæ]
Adeus! (sing.)	Қош!	[qoʃ]
Adeus! (pl)	Сау болыңыз!	[sau boliŋiz]
despedir-se (vr)	қоштасу	[qoʃtasu]
Até logo!	Әзір!	[æzir]
Obrigado! -a!	Рахмет!	[rahmet]
Muito obrigado! -a!	Үлкен рахмет!	[ulken rahmet]
De nada	Мархабат	[marhabat]
Não tem de quê	Мархабат түк емес	[marhabat tuk emes]
De nada	Түк емес	[tuk emes]
Desculpa!	Кешір!	[keʃir]
Desculpe!	Кешіріңіз!	[keʃiriŋiz]
desculpar (vt)	кешіру	[keʃiru]

desculpar-se (vr)	кешірім сұрау	[keʃirim surau]
As minhas desculpas	Кешірім сұраймын	[keʃirim surajmin]
Desculpe!	Кешіріңіз!	[keʃiriŋiz]
perdoar (vt)	кешіру	[keʃiru]
Não faz mal	Оқасы жоқ	[oqasɨ ʒoq]
por favor	өтінемін	[øtinemin]
Não se esqueça!	Ұмытпаңызшы!	[ʊmɨtpaŋɨzʃi]
Certamente! Claro!	Әрине!	[ærɪne]
Claro que não!	Әрине жоқ!	[ærɪne ʒoq]
Está bem! De acordo!	Келісемін!	[kelisemin]
Basta!	Болды!	[boldɨ]

3. Como se dirigir a alguém

senhor	Мырза	[mɨrza]
senhora	Ханым	[hanɨm]
rapariga	Қыз	[qɨz]
rapaz	Жігіт	[ʒigit]
menino	Ұл	[ʊl]
menina	Қыз	[qɨz]

4. Números cardinais. Parte 1

zero	нөл	[nøl]
um	бір	[bir]
dois	екі	[eki]
três	үш	[ʉʃ]
quatro	төрт	[tørt]
cinco	бес	[bes]
seis	алты	[altɨ]
sete	жеті	[ʒeti]
oito	сегіз	[segiz]
nove	тоғыз	[toɣɨz]
dez	он	[on]
onze	он бір	[on bir]
doze	он екі	[on eki]
treze	он үш	[on ʉʃ]
catorze	он төрт	[on tørt]
quinze	он бес	[on bes]
dezasseis	он алты	[on altɨ]
dezassete	он жеті	[on ʒeti]
dezoito	он сегіз	[on segiz]
dezanove	он тоғыз	[on toɣɨz]
vinte	жиырма	[ʒɨɨrma]
vinte e um	жиырма бір	[ʒɨɨrma bir]
vinte e dois	жиырма екі	[ʒɨɨrma eki]
vinte e três	жиырма үш	[ʒɨɨrma ʉʃ]

trinta	отыз	[otiz]
trinta e um	отыз бір	[otiz bir]
trinta e dois	отыз екі	[otiz eki]
trinta e três	отыз үш	[otiz ʉʃ]
quarenta	қырық	[qiriq]
quarenta e um	қырық бір	[qiriq bir]
quarenta e dois	қырық екі	[qiriq eki]
quarenta e três	қырық үш	[qiriq ʉʃ]
cinquenta	елу	[elʉ]
cinquenta e um	елу бір	[elʉ bir]
cinquenta e dois	елу екі	[elʉ eki]
cinquenta e três	елу үш	[elʉ uʃ]
sessenta	алпыс	[alpis]
sessenta e um	алпыс бір	[alpis bir]
sessenta e dois	алпыс екі	[alpis eki]
sessenta e três	алпыс үш	[alpis ʉʃ]
setenta	жетпіс	[ʒetpis]
setenta e um	жетпіс бір	[ʒetpis bir]
setenta e dois	жетпіс екі	[ʒetpis eki]
setenta e três	жетпіс үш	[ʒetpis ʉʃ]
oitenta	сексен	[seksen]
oitenta e um	сексен бір	[seksen bir]
oitenta e dois	сексен екі	[seksen eki]
oitenta e três	сексен үш	[seksen ʉʃ]
noventa	тоқсан	[toqsan]
noventa e um	тоқсан бір	[toqsan bir]
noventa e dois	тоқсан екі	[toqsan eki]
noventa e três	тоқсан үш	[toqsan ʉʃ]

5. Números cardinais. Parte 2

cem	жүз	[ʒʉz]
duzentos	екі жүз	[eki ʒʉz]
trezentos	үш жүз	[ʉʃ ʒʉz]
quatrocentos	төрт жүз	[tørt ʒʉz]
quinhentos	бес жүз	[bes ʒʉz]
seiscentos	алты жүз	[altı ʒʉz]
setecentos	жеті жүз	[ʒeti ʒʉz]
oitocentos	сегіз жүз	[segiz ʒʉz]
novecentos	тоғыз жүз	[toɣiz ʒʉz]
mil	мың	[mıŋ]
dois mil	екі мың	[eki mıŋ]
De quem são ...?	үш мың	[ʉʃ mıŋ]
dez mil	он мың	[on mıŋ]
cem mil	жүз мың	[ʒʉz mıŋ]
um milhão	миллион	[mıllıon]
mil milhões	миллиард	[mıllıard]

6. Números ordinais

primeiro	бірінші	[birinʃi]
segundo	екінші	[ekinʃi]
terceiro	үшінші	[ʉʃinʃi]
quarto	төртінші	[tørtinʃi]
quinto	бесінші	[besinʃi]
sexto	алтыншы	[altinʃi]
sétimo	жетінші	[ʒetinʃi]
oitavo	сегізінші	[segizinʃi]
nono	тоғызыншы	[toɣizinʃi]
décimo	оныншы	[oninʃi]

7. Números. Frações

fração (f)	бөлшек	[bølʃæk]
um meio	екіден бір	[ekiden bir]
um terço	үштен бір	[ʉʃten bir]
um quarto	төрттен бір	[tørtten bir]
um oitavo	сегізден бір	[segizden bir]
um décimo	оннан бір	[onan bir]
dois terços	үштен екі	[ʉʃten eki]
três quartos	төрттен үш	[tørtten ʉʃ]

8. Números. Operações básicas

subtração (f)	азайту	[azajtu]
subtrair (vi, vt)	алу	[alu]
divisão (f)	бөлү	[bølʉ]
dividir (vt)	бөлү	[bølʉ]
adição (f)	қосу	[qosu]
somar (vt)	қосу	[qosu]
adicionar (vt)	қосу	[qosu]
multiplicação (f)	көбейту	[købejtu]
multiplicar (vt)	көбейту	[købejtu]

9. Números. Diversos

algarismo, dígito (m)	сан	[san]
número (m)	сан	[san]
numeral (m)	сан есім	[san esim]
menos (m)	алу белгісі	[alu belgisi]
mais (m)	қосу белгісі	[qosu belgisi]
fórmula (f)	формула	[formula]
cálculo (m)	есептеп шығару	[eseptep ʃiɣaru]
contar (vt)	санау	[sanau]

calcular (vt)	есептеу	[esepteu]
comparar (vt)	салыстыру	[salistiru]
Quanto?	Неше?	[neʃæ]
Quantos? -as?	Қанша?	[qanʃa]
soma (f)	қосынды	[qosindi]
resultado (m)	қорытынды	[qoritindi]
resto (m)	қалдық	[qaldiq]
alguns, algumas …	бірнеше	[birneʃæ]
um pouco de …	көп емес …	[køp emes]
resto (m)	қалғаны	[qalɣani]
um e meio	бір жарым	[bir ʒarim]
dúzia (f)	дожна	[doʒna]
ao meio	қақ бөліп	[qaq bølip]
em partes iguais	бірдей бөлү	[birdej bølʉ]
metade (f)	жарты	[ʒarti]
vez (f)	рет	[ret]

10. Os verbos mais importantes. Parte 1

abrir (vt)	ашу	[aʃu]
acabar, terminar (vt)	бітіру	[bitiru]
aconselhar (vt)	кеңес беру	[keŋes beru]
adivinhar (vt)	шешу	[ʃæʃu]
advertir (vt)	ескерту	[eskertu]
ajudar (vt)	көмектесу	[kømektesu]
almoçar (vi)	түскі тамақ жеу	[tʉski tamaq ʒeu]
alugar (~ um apartamento)	жалға алу	[ʒalɣa alu]
amar (vt)	жақсы көру	[ʒaqsi køru]
ameaçar (vt)	қорқыту	[qorqitu]
anotar (escrever)	жазу	[ʒazu]
apressar-se (vr)	асығу	[asiɣu]
arrepender-se (vr)	өкіну	[økinu]
assinar (vt)	қол қою	[qol qoju]
atirar, disparar (vi)	ату	[atu]
brincar (vi)	әзілдеу	[æzildeu]
brincar, jogar (crianças)	ойнау	[ojnau]
buscar (vt)	іздеу	[izdeu]
caçar (vi)	аулау	[aulau]
cair (vi)	құлау	[qʊlau]
cavar (vt)	қазу	[qazu]
cessar (vt)	доғару	[doɣaru]
chamar (~ por socorro)	жәрдемге шақыру	[ʒærdemge ʃaqiru]
chegar (vi)	келу	[kelu]
chorar (vi)	жылау	[ʒɨlau]
começar (vt)	бастау	[bastau]
comparar (vt)	салыстыру	[salistiru]

compreender (vt)	түсіну	[tusinu]
concordar (vi)	көну	[kønu]
confiar (vt)	сену	[senu]
confundir (equivocar-se)	қателесу	[qatelesu]
conhecer (vt)	білу	[bilu]
contar (fazer contas)	санау	[sanau]
contar com (esperar)	үміт арту ...	[umit artu]
continuar (vt)	жалғастыру	[ʒalɣastiru]
controlar (vt)	бақылау	[baqilau]
convidar (vt)	шақыру	[ʃaqiru]
correr (vi)	жүгіру	[ʒugiru]
criar (vt)	құру	[quru]
custar (vt)	тұру	[turu]

11. Os verbos mais importantes. Parte 2

dar (vt)	беру	[beru]
dar uma dica	тұспалдау	[tuspaldau]
decorar (enfeitar)	әсемдеу	[æsemdeu]
defender (vt)	қорғау	[qorɣau]
deixar cair (vt)	түсіру	[tusiru]
descer (para baixo)	түсу	[tusu]
desculpar (vt)	кешіру	[keʃiru]
desculpar-se (vr)	кешірім сұрау	[keʃirim surau]
dirigir (~ uma empresa)	басқару	[basqaru]
discutir (notícias, etc.)	талқылау	[talqilau]
dizer (vt)	айту	[ajtu]
duvidar (vt)	шүбәлану	[ʃubælanu]
encontrar (achar)	табу	[tabu]
enganar (vt)	алдау	[aldau]
entrar (na sala, etc.)	кіру	[kiru]
enviar (uma carta)	жөнелту	[ʒøneltu]
errar (equivocar-se)	қателесу	[qatelesu]
escolher (vt)	таңдау	[taŋdau]
esconder (vt)	жасыру	[ʒasiru]
escrever (vt)	жазу	[ʒazu]
esperar (o autocarro, etc.)	тосу	[tosu]
esperar (ter esperança)	үміттену	[umittenu]
esquecer (vt)	ұмыту	[umitu]
estudar (vt)	зерттеу	[zertteu]
exigir (vt)	талап ету	[talap etu]
existir (vi)	тіршілік ету	[tirʃilik etu]
explicar (vt)	түсіндіру	[tusindiru]
falar (vi)	сөйлесу	[søjlesu]
faltar (clases, etc.)	өткізу	[øtkizu]
fazer (vt)	жасау	[ʒasau]
ficar em silêncio	үндемеу	[undemeu]

gabar-se, jactar-se (vr)	мақтану	[maqtanu]
gostar (apreciar)	ұнау	[ʊnau]
gritar (vi)	айғайлау	[ajɣajlau]
guardar (cartas, etc.)	сақтау	[saqtau]
informar (vt)	мәлімдеу	[mælimdeu]
insistir (vi)	кеуделеу	[keudeleu]
insultar (vt)	қорлау	[qorlau]
interessar-se (vr)	көңіл қою	[kөŋil qoju]
ir (a pé)	жүру	[ʒʉru]
ir nadar	шомылу	[ʃomɨlu]
jantar (vi)	кешкі тамақ ішу	[keʃki tamaq iʃu]

12. Os verbos mais importantes. Parte 3

ler (vt)	оқу	[oqu]
libertar (cidade, etc.)	босату	[bosatu]
matar (vt)	өлтіру	[øltiru]
mencionar (vt)	атау	[atau]
mostrar (vt)	көрсету	[kørsetu]
mudar (modificar)	өзгерту	[øzgertu]
nadar (vi)	жүзу	[ʒʉzu]
negar-se a ...	бас тарту	[bas tartu]
objetar (vt)	қарсы айту	[qarsɨ ajtu]
observar (vt)	бақылау	[baqɨlau]
ordenar (mil.)	бұйыру	[bujɨru]
ouvir (vt)	есту	[estu]
pagar (vt)	төлеу	[tøleu]
parar (vi)	тоқтау	[toqtau]
participar (vi)	қатысу	[qatɨsu]
pedir (comida)	жасату	[ʒasatu]
pedir (um favor, etc.)	сұрау	[sʊrau]
pegar (tomar)	алу	[alu]
pensar (vt)	ойлану	[ojlanu]
perceber (ver)	байқап қалу	[bajqap qalu]
perdoar (vt)	кешіру	[keʃiru]
perguntar (vt)	сұрау	[sʊrau]
permitir (vt)	рұқсат ету	[rʊqsat etu]
pertencer a ...	меншігі болу	[menʃigi bolu]
planear (vt)	жоспарлау	[ʒosparlau]
poder (vi)	істей алу	[istej alu]
possuir (vt)	ие болу	[ie bolu]
preferir (vt)	артық көру	[artɨq køru]
preparar (vt)	әзірлеу	[æzirleu]
prever (vt)	алдағыны болжап білу	[aldaɣɨnɨ bolʒap bilu]
prometer (vt)	уәде беру	[wæde beru]
pronunciar (vt)	айту	[ajtu]
propor (vt)	ұсыну	[ʊsɨnu]
punir (castigar)	жазалау	[ʒazalau]

13. Os verbos mais importantes. Parte 4

queixar-se (vr)	арыздану	[arïzdanu]
querer (desejar)	тілеу	[tileu]
recomendar (vt)	кеңес беру	[keŋes beru]
repetir (dizer outra vez)	қайталау	[qajtalau]
repreender (vt)	ұрсу	[ʊrsu]
reservar (~ um quarto)	кейінге сақтау	[kejinge saqtau]
responder (vt)	жауап беру	[ʒawap beru]
rezar, orar (vi)	сиыну	[sïïnu]
rir (vi)	күлу	[kʉlu]
roubar (vt)	ұрлау	[ʊrlau]
saber (vt)	білу	[bilu]
sair (~ de casa)	шығу	[ʃïɣu]
salvar (vt)	құтқару	[qʊtqaru]
seguir ...	артынан еру	[artïnan eru]
sentar-se (vr)	отыру	[otïru]
ser necessário	керек болу	[kerek bolu]
ser, estar	болу	[bolu]
significar (vt)	білдіру	[bilʹdiru]
sorrir (vi)	күлімдеу	[kʉlimdeu]
subestimar (vt)	бағаламау	[baɣalamau]
surpreender-se (vr)	таңдану	[taŋdanu]
tentar (vt)	байқап көру	[bajqap køru]
ter (vt)	өзінде бар болу	[øzinde bar bolu]
ter fome	жегісі келу	[ʒegisi kelu]
ter medo	қорқу	[qorqu]
ter sede	шөлдеу	[ʃøldeu]
tocar (com as mãos)	қозғау	[qozɣau]
tomar o pequeno-almoço	ертеңгі тамақты ішу	[erteŋgi tamaqtï iʃu]
trabalhar (vi)	жұмыс істеу	[ʒumïs isteu]
traduzir (vt)	аудару	[audaru]
unir (vt)	біріктіру	[biriktirʉ]
vender (vt)	сату	[satu]
ver (vt)	көру	[køru]
virar (ex. ~ à direita)	бұру	[buru]
voar (vi)	ұшу	[ʊʃu]

14. Cores

cor (f)	түс	[tʉs]
matiz (m)	түс	[tʉs]
tom (m)	түс	[tʉs]
arco-íris (m)	кемпір қосақ	[kempir qosaq]
branco	ақ	[aq]
preto	қара	[qara]

cinzento	сұр	[sʊr]
verde	жасыл	[ʒasɨl]
amarelo	сары	[sarɨ]
vermelho	қызыл	[qizɨl]

azul	көк	[køk]
azul claro	көгілдір	[køgildir]
rosa	қызғылт	[qizɣɨlt]
laranja	сарғылт	[sarɣɨlt]
violeta	күлгін	[kʉlgin]
castanho	қоңыр	[qoŋir]

| dourado | алтын | [altɨn] |
| prateado | күміс түсті | [kʉmis tʉsti] |

bege	ақшыл сары	[aqʃɨl sarɨ]
creme	ақшыл сары	[aqʃɨl sarɨ]
turquesa	көк	[køk]
vermelho cereja	шие түсті	[ʃie tʉsti]
lilás	ақшыл көк	[aqʃɨl køk]
carmesim	қызыл күрең	[qizɨl kʉreŋ]

claro	ашық	[aʃɨq]
escuro	қоңыр	[qonir]
vivo	айқын	[ajqɨn]

de cor	түрлі-түсті	[tʉrli tʉsti]
a cores	түрлі-түсті	[tʉrli tʉsti]
preto e branco	қара-ала	[qara ala]
unicolor	бір түсті	[bir tʉsti]
multicor	алабажақ	[alabaʒaq]

15. Questões

Quem?	Кім?	[kim]
Que?	Не?	[ne]
Onde?	Қайда?	[qajda]
Para onde?	Қайда?	[qajda]
De onde?	Қайдан?	[qajdan]
Quando?	Қашан?	[qaʃan]
Para quê?	Неге?	[nege]
Porquê?	Неге?	[nege]
Para quê?	Не үшін?	[ne ʉʃin]
Como?	Қалай?	[qalaj]
Qual?	Қандай?	[qandaj]
Qual? (entre dois ou mais)	Нешінші?	[neʃinʃi]

A quem?	Кімге?	[kimge]
Sobre quem?	Кім туралы?	[kim turali]
Do quê?	Не жөнінде?	[ne ʒøninde]
Com quem?	Кіммен?	[kimmen]
Quantos? -as?	Қанша?	[qanʃa]
Quanto?	Неше?	[neʃæ]
De quem? (masc.)	Кімнің?	[kimniŋ]

16. Preposições

com (prep.)	бірге	[birge]
sem (prep.)	онсыз	[onsɨz]
a, para (exprime lugar)	-да, -де, -та, -те	[da], [de], [ta], [te]
sobre (ex. falar ~)	туралы	[toralɨ]
antes de ...	алдында	[aldɨnda]
diante de ...	алдында	[aldɨnda]
sob (debaixo de)	астында	[astɨnda]
sobre (em cima de)	үстінде	[ʉstinde]
sobre (~ a mesa)	үстінде	[ʉstinde]
de (vir ~ Lisboa)	-дан, -ден, -тан, -тен	[dan], [den], [tan], [ten]
de (feito ~ pedra)	-дан, -ден, -тан, -тен	[dan], [den], [tan], [ten]
dentro de (~ dez minutos)	кейін, соң	[kejin], [soŋ]
por cima de ...	кейін, соң	[kejin], [soŋ]

17. Palavras funcionais. Advérbios. Parte 1

Onde?	Қайда?	[qajda]
aqui	осында	[osɨnda]
lá, ali	онда	[onda]
em algum lugar	әлдеқайда	[ældeqajda]
em lugar nenhum	еш жерде	[eʃ ʒerde]
ao pé de ...	қасында	[qasɨnda]
ao pé da janela	терезенің қасында	[terezeniŋ qasɨnda]
Para onde?	Қайда?	[qajda]
para cá	мұнда	[mʊnda]
para lá	онда	[onda]
daqui	осы жерден	[osɨ ʒerdeŋ]
de lá, dali	ол жақтан	[ol ʒaqtan]
perto	жақын	[ʒaqɨn]
longe	алыс	[alɨs]
perto de ...	қасында	[qasɨnda]
ao lado de	жақын	[ʒaqɨn]
perto, não fica longe	алыс емес	[alɨs emes]
esquerdo	сол	[sol]
à esquerda	сол жақтан	[sol ʒaqtan]
para esquerda	солға	[solɣa]
direito	оң	[oŋ]
à direita	оң жақтан	[oŋ ʒaqtan]
para direita	оңға	[oŋɣa]
à frente	алдынан	[aldɨnan]
da frente	алдыңғы	[aldɨŋɣɨ]

em frente (para a frente)	алға	[alɣa]
atrás de ...	артынан	[artinan]
por detrás (vir ~)	артынан	[artinan]
para trás	кейін	[kejin]

| meio (m), metade (f) | орта | [orta] |
| no meio | ортасында | [ortasında] |

de lado	бір бүйірден	[bir bujirden]
em todo lugar	барлық жерде	[barlıq ʒerde]
ao redor (olhar ~)	айнала	[ajnala]

de dentro	іштен	[iʃten]
para algum lugar	әлдеқайда	[ældeqajda]
diretamente	тура	[tura]
de volta	кері	[keri]

| de algum lugar | қайдан болсада | [qajdan bolsada] |
| de um lugar | қайдан болсада | [qajdan bolsada] |

em primeiro lugar	біріншіден	[birinʃiden]
em segundo lugar	екіншіден	[ekinʃiden]
em terceiro lugar	үшіншіден	[ʉʃinʃiden]

de repente	кенет	[kenet]
no início	басында	[basında]
pela primeira vez	алғаш	[alɣaʃ]
muito antes de ...	көп бұрын ...	[køp burin]
de novo, novamente	жаңадан	[ʒaŋadan]
para sempre	мәңгі-бақи	[mæŋgi baqı]

nunca	еш уақытта	[eʃ waqitta]
de novo	тағы	[taɣi]
agora	енді	[endi]
frequentemente	жиі	[ʒıi]
então	сол кезде	[sol kezde]
urgentemente	жедел	[ʒedel]
usualmente	әдетте	[ædette]

a propósito, ...	айтпақшы	[ajtpaqʃi]
é possível	мүмкін	[mʉmkin]
provavelmente	мүмкін	[mʉmkin]
talvez	мүмкін	[mʉmkin]
além disso, ...	одан басқа ...	[odan basqa]
por isso ...	сондықтан	[sondıqtan]
apesar de ...	қарамастан ...	[qaramastan]
graças a ...	арқасында ...	[arqasında]

que (pron.)	не	[ne]
que (conj.)	не	[ne]
algo	осы	[osi]
alguma coisa	бір нәрсе	[bir nærse]
nada	ештеңе	[eʃteŋe]

| quem | кім | [kim] |
| alguém (~ teve uma ideia ...) | кейбіреу | [kejbireu] |

alguém	біреу	[bireu]
ninguém	ешкім	[eʃkim]
para lugar nenhum	ешқайда	[eʃqajda]
de ninguém	ешкімнің	[eʃkimniŋ]
de alguém	біреудің	[bireudiŋ]
tão	солай	[solaj]
também (gostaria ~ de ...)	дәл осындай	[dæl osɨndaj]
também (~ eu)	да, де	[da], [de]

18. Palavras funcionais. Advérbios. Parte 2

Porquê?	Неге?	[nege]
por alguma razão	неге екені белгісіз	[nege ekeni belgisiz]
porque ...	өйткені ...	[øjtkeni]
por qualquer razão	бірдеңеге	[birdeŋege]
e (tu ~ eu)	және	[ʒæne]
ou (ser ~ não ser)	немесе	[nemese]
mas (porém)	бірақ	[biraq]
para (~ a minha mãe)	үшін	[ʉʃin]
demasiado, muito	тым	[tim]
só, somente	тек қана	[tek qana]
exatamente	дәл	[dæl]
cerca de (~ 10 kg)	жуық	[ʒuɨq]
aproximadamente	шамамен	[ʃamamen]
aproximado	шамасында	[ʃamasɨnda]
quase	дерлік	[derlik]
resto (m)	қалғаны	[qalɣani]
cada	әр	[ær]
qualquer	әрбіреу	[ærbireu]
muito	көп	[køp]
muitas pessoas	көптеген	[køptegen]
todos	бүкіл	[bʉkil]
em troca de ...	айырбастау ...	[ajɨrbastau]
em troca	орнына	[ornɨna]
à mão	қолмен	[qolmen]
pouco provável	күдікті	[kʉdikti]
provavelmente	сірә	[siræ]
de propósito	әдейі	[ædeji]
por acidente	кездейсоқ	[kezdejsoq]
muito	өте	[øte]
por exemplo	мысалы	[mɨsalɨ]
entre	арасында	[arasɨnda]
entre (no meio de)	арасында	[arasɨnda]
tanto	мұнша	[mʊnʃa]
especialmente	әсіресе	[æsirese]

Conceitos básicos. Parte 2

19. Dias da semana

segunda-feira (f)	дүйсенбі	[dujsenbi]
terça-feira (f)	сейсенбі	[sejsenbi]
quarta-feira (f)	сәрсенбі	[særsenbi]
quinta-feira (f)	бейсенбі	[bejsenbi]
sexta-feira (f)	жұма	[ʒuma]
sábado (m)	сенбі	[senbi]
domingo (m)	жексенбі	[ʒeksenbi]
hoje	бүгін	[bugin]
amanhã	ертең	[erteŋ]
depois de amanhã	бүрсігүні	[bursiguni]
ontem	кеше	[keʃæ]
anteontem	алдыңғы күні	[aldɨŋɣɨ kuni]
dia (m)	күн	[kun]
dia (m) de trabalho	жұмыс күні	[ʒumis kuni]
feriado (m)	мерекелік күн	[merekelik kun]
dia (m) de folga	демалыс күні	[demalis kuni]
fim (m) de semana	демалыс	[demalis]
o dia todo	күні бойы	[kuni bojɨ]
no dia seguinte	ертесіне	[ertesine]
há dois dias	екі күн кері	[eki kun keri]
na véspera	қарсаңында	[qarsaŋinda]
diário	күнделікті	[kundelikti]
todos os dias	күнбе-күн	[kunbe kun]
semana (f)	апта	[apta]
na semana passada	өткен жұмада	[øtken ʒumada]
na próxima semana	келесі жұмада	[kelesi ʒumada]
semanal	апталық	[aptaliq]
cada semana	апта сайын	[apta sajin]
duas vezes por semana	жұмада екі рет	[ʒumada eki ret]
cada terça-feira	сейсенбі сайын	[sejsenbi sajin]

20. Horas. Dia e noite

manhã (f)	таң	[taŋ]
de manhã	таңертеңгілік	[taŋerteŋgilik]
meio-dia (m)	тал түс	[tal tus]
à tarde	түстен кейін	[tusten kejin]
noite (f)	кеш	[keʃ]
à noite (noitinha)	кешке	[keʃke]

noite (f)	түн	[tʉn]
à noite	түнде	[tʉnde]
meia-noite (f)	түн жарымы	[tʉn ʒarɨmɨ]
segundo (m)	секунд	[sekund]
minuto (m)	минут	[mɨnut]
hora (f)	сағат	[saɣat]
meia hora (f)	жарты сағат	[ʒartɨ saɣat]
quarto (m) de hora	он бес минут	[on bes mɨnut]
quinze minutos	он бес минут	[on bes mɨnut]
vinte e quatro horas	тәулік	[tæulik]
nascer (m) do sol	күннің шығуы	[kʉniŋ ʃɨɣuɨ]
amanhecer (m)	таң ату	[taŋ atu]
madrugada (f)	азан	[azan]
pôr do sol (m)	күннің батуы	[kʉniŋ batuɨ]
de madrugada	таңертең	[taŋerteŋ]
hoje de manhã	бүгін ертеңмен	[bʉgin erteŋmen]
amanhã de manhã	ертең ертеңгісін	[erteŋ erteŋgisin]
hoje à tarde	бүгін күндіз	[bʉgin kʉndiz]
à tarde	түстен кейін	[tʉsten kejin]
amanhã à tarde	ертең түстен кейін	[erteŋ tʉsten kejin]
hoje à noite	бүгін кешке	[bʉgin keʃke]
amanhã à noite	ертең кешке	[erteŋ keʃke]
às três horas em ponto	сағат дәл үште	[saɣat dæl ʉʃte]
por volta das quatro	сағат төртке қарай	[saɣat tørtke qaraj]
às doze	сағат он екіге қарай	[saɣat on ekige qaraj]
dentro de vinte minutos	жиырма минуттан соң	[ʒɨjrma mɨnuttan soŋ]
dentro duma hora	бір сағаттан соң	[bir saɣattan soŋ]
a tempo	дәл кезінде	[dæl kezinde]
menos um quarto	он бес минутсыз	[on bes mɨnutsɨz]
durante uma hora	сағат бойында	[saɣat bojɨnda]
a cada quinze minutos	әр он бес минут сайын	[ær on bes mɨnut sajɨn]
as vinte e quatro horas	тәулік бойы	[tæulik bojɨ]

21. Meses. Estações

janeiro (m)	қаңтар	[qaŋtar]
fevereiro (m)	ақпан	[aqpan]
março (m)	наурыз	[nauriz]
abril (m)	сәуір	[sæwir]
maio (m)	мамыр	[mamir]
junho (m)	маусым	[mausim]
julho (m)	шілде	[ʃilde]
agosto (m)	тамыз	[tamiz]
setembro (m)	қыркүйек	[qirkʉjek]
outubro (m)	қазан	[qazan]

novembro (m)	қараша	[qaraʃa]
dezembro (m)	желтоқсан	[ʒeltoqsan]
primavera (f)	көктем	[køktem]
na primavera	көктемде	[køktemde]
primaveril	көктемгі	[køktemgi]
verão (m)	жаз	[ʒaz]
no verão	жазда	[ʒazda]
de verão	жазғы	[ʒazɣɨ]
outono (m)	күз	[kʉz]
no outono	күзде	[kʉzde]
outonal	күздік	[kʉzdik]
inverno (m)	қыс	[qɨs]
no inverno	қыста	[qɨsta]
de inverno	қысқы	[qɨsqɨ]
mês (m)	ай	[aj]
este mês	осы айда	[osɨ ajda]
no próximo mês	келесі айда	[kelesi ajda]
no mês passado	өткен айда	[øtken ajda]
há um mês	бір ай кері	[bir aj keri]
dentro de um mês	бір айдан кейін	[bir ajdan kejin]
dentro de dois meses	екі айдан кейін	[eki ajdan kejin]
todo o mês	ай бойы	[aj bojɨ]
um mês inteiro	ай бойы	[aj bojɨ]
mensal	ай сайынғы	[aj sajɨnɣɨ]
mensalmente	ай сайын	[aj sajɨn]
cada mês	әр айда	[ær ajda]
duas vezes por mês	айда екі рет	[ajda eki ret]
ano (m)	жыл	[ʒɨl]
este ano	биылғы	[bɨjlɣɨ]
no próximo ano	келесі жылы	[kelesi ʒɨlɨ]
no ano passado	өткен жылы	[øtken ʒɨlɨ]
há um ano	алдынғы жылы	[aldɨnɣɨ ʒɨlɨ]
dentro dum ano	бір жылдан кейін	[bir ʒɨldan kejin]
dentro de 2 anos	екі жылдан кейін	[eki ʒɨldan kejin]
todo o ano	жыл бойы	[ʒɨl bojɨ]
um ano inteiro	жыл бойы	[ʒɨl bojɨ]
cada ano	әр жыл сайын	[ær ʒɨl sajɨn]
anual	жыл сайынғы	[ʒɨl sajɨnɣɨ]
anualmente	жыл сайын	[ʒɨl sajɨn]
quatro vezes por ano	жылына төрт рет	[ʒɨlɨna tørt ret]
data (~ de hoje)	сан	[san]
data (ex. ~ de nascimento)	дата	[data]
calendário (m)	күнтізбе	[kʉntizbe]
meio ano	жарты жыл	[ʒartɨ ʒɨl]
seis meses	жарты жылдық	[ʒartɨ ʒɨldɨq]

estação (f)	маусым	[mausim]
século (m)	ғасыр	[ɣasir]

22. Unidades de medida

peso (m)	салмақ	[salmaq]
comprimento (m)	ұзындық	[uzindiq]
largura (f)	ен	[en]
altura (f)	биіктік	[bıiktik]
profundidade (f)	тереңдік	[tereŋdik]
volume (m)	көлем	[kølem]
área (f)	аумақ	[aumaq]
grama (m)	грамм	[gramm]
miligrama (m)	миллиграм	[mıllıgram]
quilograma (m)	килограмм	[kılogramm]
tonelada (f)	тонна	[tona]
libra (453,6 gramas)	қадақ	[qadaq]
onça (f)	унция	[untsıja]
metro (m)	метр	[metr]
milímetro (m)	миллиметр	[mıllımetr]
centímetro (m)	сантиметр	[santımetr]
quilómetro (m)	километр	[kılometr]
milha (f)	миля	[mılja]
polegada (f)	дюйм	[djujm]
pé (304,74 mm)	фут	[fut]
jarda (914,383 mm)	ярд	[jard]
metro (m) quadrado	шаршы метр	[ʃarʃi metr]
hectare (m)	гектар	[gektar]
litro (m)	литр	[lıtr]
grau (m)	градус	[gradus]
volt (m)	вольт	[volʲt]
ampere (m)	ампер	[amper]
cavalo-vapor (m)	ат күші	[at kuʃi]
quantidade (f)	мөлшері	[mølʃæri]
um pouco de …	аздап …	[azdap]
metade (f)	жарты	[ʒarti]
dúzia (f)	дожна	[doʒna]
peça (f)	дана	[dana]
dimensão (f)	көлем	[kølem]
escala (f)	масштаб	[masʃtab]
mínimo	ең азы	[eŋ azi]
menor, mais pequeno	ең кіші	[eŋ kiʃi]
médio	орташа	[ortaʃa]
máximo	барынша көп	[barinʃa køp]
maior, mais grande	ең үлкен	[eŋ ʉlken]

23. Recipientes

boião (m) de vidro	банкі	[banki]
lata (~ de cerveja)	банкі	[banki]
balde (m)	шелек	[ʃælek]
barril (m)	бөшке	[bøʃke]
bacia (~ de plástico)	леген	[legen]
tanque (m)	бак	[bak]
cantil (m) de bolso	құты	[quti]
bidão (m) de gasolina	канистр	[kanıstr]
cisterna (f)	цистерна	[tsısterna]
caneca (f)	сапты аяқ	[saptı ajaq]
chávena (f)	шыны аяқ	[ʃinı ajaq]
pires (m)	табақша	[tabaqʃa]
copo (m)	стақан	[staqan]
taça (f) de vinho	бокал	[bokal]
panela, caçarola (f)	кастрөл	[kastrøl]
garrafa (f)	шөлмек	[ʃølmek]
gargalo (m)	ауыз	[awɨz]
jarro, garrafa (f)	графин	[grafın]
jarro (m) de barro	көзе	[køze]
recipiente (m)	ыдыс	[idis]
pote (m)	құмыра	[qumira]
vaso (m)	ваза	[vaza]
frasco (~ de perfume)	шиша	[ʃıʃa]
frasquinho (ex. ~ de iodo)	құты	[quti]
tubo (~ de pasta dentífrica)	сықпалы сауыт	[sɨqpalɨ sawit]
saca (ex. ~ de açúcar)	қап	[qap]
saco (~ de plástico)	пакет	[paket]
maço (m)	десте	[deste]
caixa (~ de sapatos, etc.)	қорап	[qorap]
caixa (~ de madeira)	жәшік	[ʒæʃik]
cesta (f)	кәрзеңке	[kærziŋke]

O SER HUMANO

O ser humano. O corpo

24. Cabeça

cabeça (f)	бас	[bas]
cara (f)	бет	[bet]
nariz (m)	мұрын	[mʊrin]
boca (f)	ауыз	[awiz]

olho (m)	көз	[køz]
olhos (m pl)	көз	[køz]
pupila (f)	қарашық	[qaraʃiq]
sobrancelha (f)	қас	[qas]
pestana (f)	кірпік	[kirpik]
pálpebra (f)	қабақ	[qabaq]

língua (f)	тіл	[til]
dente (m)	тіс	[tis]
lábios (m pl)	ерін	[erin]
maçãs (f pl) do rosto	бет сүегі	[bet sʉegi]
gengiva (f)	қызыл иек	[qizil ɪek]
palato (m)	таңдай	[taŋdaj]

narinas (f pl)	танауы	[tanawi]
queixo (m)	иек	[ɪek]
mandíbula (f)	жақ	[ʒaq]
bochecha (f)	ұрт	[ʊrt]

testa (f)	маңдай	[maŋdaj]
têmpora (f)	самай	[samaj]
orelha (f)	құлақ	[qʊlaq]
nuca (f)	желке	[ʒelke]
pescoço (m)	мойын	[mojin]
garganta (f)	тамақ	[tamaq]

cabelos (m pl)	шаш	[ʃaʃ]
penteado (m)	сәнденген шаш	[sændengen ʃaʃ]
corte (m) de cabelo	сәндеп қиылған шаш	[sændep qɪɪlɣan ʃaʃ]
peruca (f)	жасанды шаш	[ʒasandi ʃaʃ]

bigode (m)	мұрт	[mʊrt]
barba (f)	сақал	[saqal]
usar, ter (~ barba, etc.)	өсіру	[øsiru]
trança (f)	бұрым	[bʊrim]
suíças (f pl)	жақ сақал	[ʒaq saqal]
ruivo	жирен	[ʒɪren]
grisalho	ақ шашты	[aq ʃaʃti]

calvo	тақыр	[taqir]
calva (f)	бастың қасқасы	[bastiŋ qasqasi]
rabo-de-cavalo (m)	құйыршық	[qujirʃiq]
franja (f)	кекіл	[kekil]

25. Corpo humano

mão (f)	шашақ	[ʃaʃaq]
braço (m)	қол	[qol]
dedo (m)	саусақ	[sausaq]
polegar (m)	бас бармақ	[bas barmaq]
dedo (m) mindinho	шынашақ	[ʃinaʃaq]
unha (f)	тырнақ	[tirnaq]
punho (m)	жұдырық	[ʒudiriq]
palma (f) da mão	алақан	[alaqan]
pulso (m)	білезік сүйектері	[bilezik sujekteri]
antebraço (m)	білек сүйектері	[bilek sujekteri]
cotovelo (m)	шынтақ	[ʃintaq]
ombro (m)	иық	[ɪiq]
perna (f)	аяқ	[ajaq]
pé (m)	табан	[taban]
joelho (m)	тізе	[tize]
barriga (f) da perna	балтыр	[baltir]
anca (f)	жая	[ʒaja]
calcanhar (m)	тақа	[taqa]
corpo (m)	дене	[dene]
barriga (f)	қарын	[qarin]
peito (m)	кеуде	[keude]
seio (m)	емшек	[emʃæk]
lado (m)	бүйір	[bujir]
costas (f pl)	арқа	[arqa]
região (f) lombar	белдеме	[beldeme]
cintura (f)	бел	[bel]
umbigo (m)	кіндік	[kindik]
nádegas (f pl)	бөксе	[bøkse]
traseiro (m)	бөксе	[bøkse]
sinal (m)	қал	[qal]
tatuagem (f)	татуировка	[tatuɪrovka]
cicatriz (f)	тыртық	[tirtiq]

Vestuário & Acessórios

26. Roupa exterior. Casacos

roupa (f)	киім	[kıim]
roupa (f) exterior	сыртқы киім	[sirtqi kıim]
roupa (f) de inverno	қысқы киім	[qisqi kıim]
sobretudo (m)	шапан	[ʃapan]
casaco (m) de peles	тон	[ton]
casaco curto (m) de peles	қысқа тон	[qisqa ton]
casaco (m) acolchoado	тұлып тон	[tulip ton]
casaco, blusão (m)	куртка	[kurtka]
impermeável (m)	жадағай	[ʒadaɣaj]
impermeável	су өтпейтін	[su øtpejtin]

27. Vestuário de homem & mulher

camisa (f)	көйлек	[køjlek]
calças (f pl)	шалбар	[ʃalbar]
calças (f pl) de ganga	джинсы	[dʒınsi]
casaco (m) de fato	пиджак	[pıdʒak]
fato (m)	костюм	[kostjum]
vestido (ex. ~ vermelho)	көйлек	[køjlek]
saia (f)	белдемше	[beldemʃæ]
blusa (f)	блузка	[bluzka]
casaco (m) de malha	кеудеше	[keudeʃæ]
T-shirt, camiseta (f)	футболка	[futbolka]
calções (Bermudas, etc.)	дамбал	[dambal]
fato (m) de treino	спорттық костюм	[sporttiq kostjum]
roupão (m) de banho	шапан	[ʃapan]
pijama (m)	түнгі жейде	[tungi ʒejde]
suéter (m)	свитер	[svıter]
pulôver (m)	пуловер	[pulover]
colete (m)	желетке	[ʒeletke]
fraque (m)	фрак	[frak]
smoking (m)	смокинг	[smokıng]
uniforme (m)	бірыңғай формалы киімдер	[birinɣaj formali kıimder]
roupa (f) de trabalho	жұмыс киімі	[ʒumis kıimi]
fato-macaco (m)	комбинезон	[kombınezon]
bata (~ branca, etc.)	шапан	[ʃapan]

28. Vestuário. Roupa interior

roupa (f) interior	іш киім	[iʃ kıim]
camisola (f) interior	ішкөйлек	[iʃkøjlek]
peúgas (f pl)	шұлық	[ʃuliq]
camisa (f) de noite	түнгі көйлек	[tungi køjlek]
sutiã (m)	кеудеше	[keudeʃæ]
meias longas (f pl)	гольф	[golʲf]
meia-calça (f)	шұлықдамбал	[ʃuliqdambal]
meias (f pl)	шұлық	[ʃuliq]
fato (m) de banho	шомылу костюмі	[ʃomïlu kostjumi]

29. Adereços de cabeça

chapéu (m)	телпек	[telpek]
chapéu (m) de feltro	қалпақ	[qalpaq]
boné (m) de beisebol	бейсболка	[bejsbolka]
boné (m)	кепеш	[kepeʃ]
boina (f)	берет	[beret]
capuz (m)	капюшон	[kapjuʃon]
panamá (m)	панама	[panama]
gorro (m) de malha	тоқыма телпек	[toqïma telpek]
lenço (m)	орамал	[oramal]
chapéu (m) de mulher	қалпақша	[qalpaqʃa]
capacete (m) de proteção	каска	[kaska]
bibico (m)	пилотка	[pılotka]
capacete (m)	дулыға	[duliɣa]
chapéu-coco (m)	котелок	[kotelok]
chapéu (m) alto	цилиндр	[tsılındr]

30. Calçado

calçado (m)	аяқ киім	[ajaq kıim]
botinas (f pl)	бәтеңке	[bæteŋke]
sapatos (de salto alto, etc.)	туфли	[tuflı]
botas (f pl)	етік	[etik]
pantufas (f pl)	тәпішке	[tæpiʃke]
ténis (m pl)	кроссовкалар	[krossovkalar]
sapatilhas (f pl)	кеды	[kedi]
sandálias (f pl)	сандал	[sandal]
sapateiro (m)	аяқ киім жамаушы	[ajaq kıim ʒamauʃi]
salto (m)	тақа	[taqa]
par (m)	қос	[qos]
atacador (m)	бау	[bau]

apertar os atacadores	байлау	[bajlau]
calçadeira (f)	аяқ киімге қасық	[ajaq kiimɣe qasiq]
graxa (f) para calçado	аяқ киімге жағатын кірем	[ajaq kiimɣe ʒaɣatin kirem]

31. Acessórios pessoais

luvas (f pl)	биялай	[bıjalaj]
mitenes (f pl)	қолғап	[qolɣap]
cachecol (m)	шарф	[ʃarf]
óculos (m pl)	көзілдірік	[køzildirik]
armação (f) de óculos	жиектеме	[ʒıekteme]
guarda-chuva (m)	қол шатыр	[qol ʃatir]
bengala (f)	таяқ	[tajaq]
escova (f) para o cabelo	тарақ	[taraq]
leque (m)	желпігіш	[ʒelpigiʃ]
gravata (f)	галстук	[galstuk]
gravata-borboleta (f)	галстук-көбелек	[galstuk købelek]
suspensórios (m pl)	аспа	[aspa]
lenço (m)	қол орамал	[qol oramal]
pente (m)	тарақ	[taraq]
travessão (m)	шаш қыстырғыш	[ʃaʃ qistirɣiʃ]
gancho (m) de cabelo	шаш түйрегіш	[ʃaʃ tujregiʃ]
fivela (f)	айылбас	[ajilbas]
cinto (m)	белдік	[beldik]
correia (f)	белдік	[beldik]
mala (f)	сөмке	[sømke]
mala (f) de senhora	әйел сөмкесі	[æjel sømkesi]
mochila (f)	жолдорба	[ʒoldorba]

32. Vestuário. Diversos

moda (f)	сән	[sæn]
na moda	сәнді	[sændi]
estilista (m)	үлгіші	[ʉlgiʃi]
colarinho (m), gola (f)	жаға	[ʒaɣa]
bolso (m)	қалта	[qalta]
de bolso	қалта	[qalta]
manga (f)	жең	[ʒeŋ]
alcinha (f)	ілгіш	[ilgiʃ]
braguilha (f)	ілгек	[ilgek]
fecho (m) de correr	ілгек	[ilgek]
fecho (m), colchete (m)	ілгек	[ilgek]
botão (m)	түйме	[tujme]
casa (f) de botão	желкелік	[ʒelkelik]

soltar-se (vr)	түймені үзіп алу	[tujmeni uzip alu]
coser, costurar (vi)	тігу	[tigu]
bordar (vt)	кесте тігу	[keste tigu]
bordado (m)	кесте	[keste]
agulha (f)	ине	[ɪne]
fio (m)	жіп	[ʒip]
costura (f)	тігіс	[tigis]
sujar-se (vr)	былғану	[bɨlɣanu]
mancha (f)	дақ	[daq]
engelhar-se (vr)	қырыстанып қалу	[qiristanip qalu]
rasgar (vt)	жырту	[ʒirtu]
traça (f)	күйе	[kuje]

33. Cuidados pessoais. Cosméticos

pasta (f) de dentes	тіс пастасы	[tis pastasi]
escova (f) de dentes	мәсуек	[mæsuek]
escovar os dentes	тіс тазалау	[tis tazalau]
máquina (f) de barbear	ұстара	[ustara]
creme (m) de barbear	қырынуға арналған крем	[qirinuɣa arnalɣan krem]
barbear-se (vr)	қырыну	[qirinu]
sabonete (m)	сабын	[sabin]
champô (m)	сусабын	[susabin]
tesoura (f)	қайшы	[qajʃi]
lima (f) de unhas	тырнақ егеуіш	[tirnaq egewiʃ]
corta-unhas (m)	тістеуік	[tistewik]
pinça (f)	іскек	[iskek]
cosméticos (m pl)	косметика	[kosmetɪka]
máscara (f) facial	маска	[maska]
manicura (f)	маникюр	[manɪkjur]
fazer a manicura	маникюр жасау	[manɪkjur ʒasau]
pedicure (f)	педикюр	[pedɪkjur]
mala (f) de maquilhagem	бояулар салатын сөмке	[bojaular salatin sømke]
pó (m)	опа	[opa]
caixa (f) de pó	опа сауыт	[opa sawit]
blush (m)	еңлік	[eŋlik]
perfume (m)	иіс су	[ɪis su]
água (f) de toilette	иіссу	[ɪissu]
loção (f)	лосьон	[losʲon]
água-de-colónia (f)	әтір	[ætir]
sombra (f) de olhos	қабақ бояуы	[qabaq bojawi]
lápis (m) delineador	көзге арналған қарындаш	[køzge arnalɣan qarindaʃ]
máscara (f), rímel (m)	кірпік сүрмесі	[kirpik surmesi]
batom (m)	ерін далабы	[erin dalabi]
verniz (m) de unhas	тырнақ арналған лак	[tirnaq arnalɣan lak]

| laca (f) para cabelos | шашқа арналған лак | [ʃaʃqa arnalɣan lak] |
| desodorizante (m) | дезодорант | [dezodorant] |

creme (m)	иісмай	[ɪismaj]
creme (m) de rosto	бетке арналған крем	[betke arnalɣan krem]
creme (m) de mãos	қолға арналған крем	[qolɣa arnalɣan krem]
creme (m) antirrugas	әжімге қарсы кремі	[æʒimge qarsɨ kremi]
de dia	күндізгі иісмай	[kʉndizgi ɪismaj]
da noite	түнгі иісмай	[tʉngi ɪismaj]

tampão (m)	тықпа	[tiqpa]
papel (m) higiénico	дәрет қағазы	[dæret qaɣazi]
secador (m) elétrico	шаш кептіргіш	[ʃaʃ keptirgiʃ]

34. Relógios de pulso. Relógios

relógio (m) de pulso	сағат	[saɣat]
mostrador (m)	циферблат	[tsɪferblat]
ponteiro (m)	тіл	[til]
bracelete (f) em aço	білезік	[bilezik]
bracelete (f) em couro	таспа	[taspa]

pilha (f)	батарейка	[batarejka]
descarregar-se	батарейка отырып қалды	[batarejka otirip qaldi]
trocar a pilha	батарейканы ауыстыру	[batarejkani awistiru]
estar adiantado	асығу	[asiɣu]
estar atrasado	кейіндеу	[kejindeu]

relógio (m) de parede	қабырға сағат	[qabɨrɣa saɣat]
ampulheta (f)	құм сағат	[qʊm saɣat]
relógio (m) de sol	күн сағаты	[kʉn saɣati]
despertador (m)	оятар	[ojatar]
relojoeiro (m)	сағатшы	[saɣatʃi]
reparar (vt)	жөндеу	[ʒøndeu]

Alimentação. Nutrição

35. Comida

carne (f)	ет	[et]
galinha (f)	тауық	[tawiq]
frango (m)	балапан	[balapan]
pato (m)	үйрек	[üjrek]
ganso (m)	қаз	[qaz]
caça (f)	құс	[qʊs]
peru (m)	түйетауық	[tüjetawiq]
carne (f) de porco	шошқа еті	[ʃoʃqa eti]
carne (f) de vitela	бұзау еті	[buzau eti]
carne (f) de carneiro	қой еті	[qoj eti]
carne (f) de vaca	сиыр еті	[sıir eti]
carne (f) de coelho	қоян еті	[qojan eti]
chouriço, salsichão (m)	шұжық	[ʃʊʒiq]
salsicha (f)	сосиска	[sosıska]
bacon (m)	бекон	[bekon]
fiambre (f)	ветчина	[vetʃına]
presunto (m)	сан ет	[san et]
patê (m)	бұқтырлған ет	[bʊqtirlɣan et]
fígado (m)	бауыр	[bawir]
carne (f) moída	турама	[turama]
língua (f)	тіл	[til]
ovo (m)	жұмыртқа	[ʒʊmirtqa]
ovos (m pl)	жұмыртқалар	[ʒʊmirtqalar]
clara (f) do ovo	ақуыз	[aquiz]
gema (f) do ovo	сарыуыз	[sariwiz]
peixe (m)	балық	[baliq]
mariscos (m pl)	теңіз азығы	[teŋiz aziɣi]
crustáceos (m pl)	шаян тәрізділер	[ʃajan tærizdiler]
caviar (m)	уылдырық	[wıldiriq]
caranguejo (m)	таңқышаян	[taŋqiʃajan]
camarão (m)	асшаян	[asʃajan]
ostra (f)	устрица	[ustrıtsa]
lagosta (f)	лангуст	[langust]
polvo (m)	сегізаяқ	[segizajaq]
lula (f)	кальмар	[kalʲmar]
esturjão (m)	бекіре еті	[bekire eti]
salmão (m)	арқан балық	[arqan baliq]
halibute (m)	палтус	[paltus]
bacalhau (m)	нәлім	[nælim]

cavala, sarda (f)	скумбрия	[skumbrıja]
atum (m)	тунец	[tunets]
enguia (f)	жыланбалық	[ʒilanbaliq]
truta (f)	бахтах	[bahtah]
sardinha (f)	сардина	[sardına]
lúcio (m)	шортан	[ʃortan]
arenque (m)	майшабақ	[majʃabaq]
pão (m)	нан	[nan]
queijo (m)	ірімшік	[irimʃik]
açúcar (m)	қант	[qant]
sal (m)	тұз	[tʊz]
arroz (m)	күріш	[kʉriʃ]
massas (f pl)	түтік кеспе	[tʉtik kespe]
talharim (m)	кеспе	[kespe]
manteiga (f)	сарымай	[sarimaj]
óleo (m) vegetal	өсімдік майы	[øsimdik maji]
óleo (m) de girassol	күнбағыс майы	[kʉnbaɣis maji]
margarina (f)	маргарин	[margarın]
azeitonas (f pl)	зәйтүн	[zæjtʉn]
azeite (m)	зәйтүн майы	[zæjtʉn maji]
leite (m)	сүт	[sʉt]
leite (m) condensado	қоюлатқан сүт	[qojulatqan sʉt]
iogurte (m)	йогурт	[jogurt]
nata (f) azeda	қаймақ	[qajmaq]
nata (f) do leite	кілегей	[kilegej]
maionese (f)	майонез	[majonez]
creme (m)	крем	[krem]
grãos (m pl) de cereais	жарма	[ʒarma]
farinha (f)	ұн	[ʊn]
enlatados (m pl)	консервілер	[konserviler]
flocos (m pl) de milho	жүгері жапалақтары	[ʒʉgeri ʒapalaqtari]
mel (m)	бал	[bal]
doce (m)	джем	[dʒem]
pastilha (f) elástica	сағыз	[saɣiz]

36. Bebidas

água (f)	су	[su]
água (f) potável	ішетін су	[iʃætin su]
água (f) mineral	минералды су	[mıneraldɪ su]
sem gás	газсыз	[gazsɪz]
gaseificada	газдалған	[gazdalɣan]
com gás	газдалған	[gazdalɣan]
gelo (m)	мұз	[mʊz]

com gelo	мұзбен	[muzben]
sem álcool	алкогольсыз	[alkogolʲsiz]
bebida (f) sem álcool	алкогольсыз сусын	[alkogolʲsiz susin]
refresco (m)	салқындататын сусын	[salqindatatin susin]
limonada (f)	лимонад	[lımonad]
bebidas (f pl) alcoólicas	алкогольды ішімдіктер	[alkogolʲdi iʃimdikter]
vinho (m)	шарап	[ʃarap]
vinho (m) branco	ақшарап	[aqʃarap]
vinho (m) tinto	қызыл шарап	[qizil ʃarap]
licor (m)	ликер	[lıker]
champanhe (m)	аққайнар	[aqqajnar]
vermute (m)	вермут	[vermut]
uísque (m)	виски	[vıskı]
vodka (f)	арақ	[araq]
gim (m)	жын	[ʒin]
conhaque (m)	коньяк	[konʲak]
rum (m)	ром	[rom]
café (m)	кофе	[kofe]
café (m) puro	қара кофе	[qara kofe]
café (m) com leite	кофе сүтпен	[kofe sʉtpen]
cappuccino (m)	кофе кілегеймен	[kofe kilegejmen]
café (m) solúvel	ерігіш кофе	[erigiʃ kofe]
leite (m)	сүт	[sʉt]
coquetel (m)	коктейль	[koktejlʲ]
batido (m) de leite	сүт коктейлі	[sʉt koktejli]
sumo (m)	шырын	[ʃirin]
sumo (m) de tomate	қызанақ шырыны	[qizanaq ʃirini]
sumo (m) de laranja	апельсин шырыны	[apelʲsın ʃirini]
sumo (m) fresco	жаңа сығылған шырын	[ʒaŋa siɣilɣan ʃirin]
cerveja (f)	сыра	[sira]
cerveja (f) clara	ақшыл сыра	[aqʃil sira]
cerveja (f) preta	қараңғы сырасы	[qaraŋɣi sirasi]
chá (m)	шай	[ʃaj]
chá (m) preto	қара шай	[qara ʃaj]
chá (m) verde	көк шай	[køk ʃaj]

37. Vegetais

legumes (m pl)	көкөністер	[køkønister]
verduras (f pl)	көкөніс	[køkønis]
tomate (m)	қызанақ	[qizanaq]
pepino (m)	қияр	[qijar]
cenoura (f)	сәбіз	[sæbiz]
batata (f)	картоп	[kartop]
cebola (f)	пияз	[pıjaz]

alho (m)	сарымсақ	[sarimsaq]
couve (f)	қырыққабат	[qiriqqabat]
couve-flor (f)	түсті орамжапырақ	[tʉsti oramʒapiraq]
couve-de-bruxelas (f)	брюссель орамжапырағы	[brjuselʲ oramʒapiraɣi]
brócolos (m pl)	брокколи орамжапырағы	[brokkolı oramʒapiraɣi]
beterraba (f)	қызылша	[qizilʃa]
beringela (f)	кәді	[kædi]
curgete (f)	кәдіш	[kædiʃ]
abóbora (f)	асқабақ	[asqabaq]
nabo (m)	шалқан	[ʃalqan]
salsa (f)	ақжелкен	[aqʒelken]
funcho, endro (m)	аскөк	[askøk]
alface (f)	салат	[salat]
aipo (m)	балдыркөк	[baldirkøk]
espargo (m)	ақтық	[aqtiq]
espinafre (m)	саумалдық	[saumaldıq]
ervilha (f)	ноқат	[noqat]
fava (f)	ірі бұршақтар	[iri bʉrʃaqtar]
milho (m)	жүгері	[ʒʉgeri]
feijão (m)	үрме бұршақ	[ʉrme bʉrʃaq]
pimentão (m)	бұрыш	[bʉriʃ]
rabanete (m)	шалғам	[ʃalɣam]
alcachofra (f)	бөрікгүл	[børikgʉl]

38. Frutos. Nozes

fruta (f)	жеміс	[ʒemis]
maçã (f)	алма	[alma]
pera (f)	алмұрт	[almʊrt]
limão (m)	лимон	[lımon]
laranja (f)	апельсин	[apelʲsın]
morango (m)	құлпынай	[qʊlpinaj]
tangerina (f)	мандарин	[mandarın]
ameixa (f)	алхоры	[alhori]
pêssego (m)	шабдалы	[ʃabdali]
damasco (m)	өрік	[ørik]
framboesa (f)	таңқурай	[taŋquraj]
ananás (m)	ананас	[ananas]
banana (f)	банан	[banan]
melancia (f)	қарбыз	[qarbiz]
uva (f)	жүзім	[ʒʉzim]
ginja (f)	кәдімгі шие	[kædımgı ʃie]
cereja (f)	қызыл шие	[qizil ʃie]
meloa (f)	қауын	[qawin]
toranja (f)	грейпфрут	[grejpfrut]
abacate (m)	авокадо	[avokado]
papaia (f)	папайя	[papaja]

manga (f)	манго	[mango]
romã (f)	анар	[anar]

groselha (f) vermelha	қызыл қарақат	[qizil qaraqat]
groselha (f) preta	қара қарақат	[qara qaraqat]
groselha (f) espinhosa	қарлыған	[qarliɣan]
mirtilo (m)	қара жидек	[qara ʒɪdek]
amora silvestre (f)	қожақат	[qoʒaqat]

uvas (f pl) passas	мейіз	[mejiz]
figo (m)	інжір	[inʒir]
tâmara (f)	құрма	[qʊrma]

amendoim (m)	жержаңғақ	[ʒerʒaŋɣaq]
amêndoa (f)	бадам	[badam]
noz (f)	жаңғақ	[ʒaŋɣaq]
avelã (f)	ағаш жаңғағы	[aɣaʃ ʒaŋɣaɣi]
coco (m)	кокос жаңғақ	[kokos ʒaŋɣaq]
pistáchios (m pl)	пісте	[piste]

39. Pão. Bolaria

pastelaria (f)	кондитер бұйымдары	[kondɪter bʊjimdari]
pão (m)	нан	[nan]
bolacha (f)	печенье	[petʃenʲe]

chocolate (m)	шоколад	[ʃokolad]
de chocolate	шоколад	[ʃokolad]
rebuçado (m)	кәмпит	[kæmpɪit]
bolo (cupcake, etc.)	тәтті тоқаш	[tætti toqaʃ]
bolo (m) de aniversário	торт	[tort]

tarte (~ de maçã)	бәліш	[bæliʃ]
recheio (m)	салынды	[salindi]

doce (m)	қайнатпа	[qajnatpa]
geleia (f) de frutas	мармелад	[marmelad]
waffle (m)	вафли	[vaflɪ]
gelado (m)	балмұздақ	[balmʊzdaq]
pudim (m)	пудинг	[pudɪng]

40. Pratos cozinhados

prato (m)	тағам	[taɣam]
cozinha (~ portuguesa)	ұлттық тағамдар	[ʊlttiq taɣamdar]
receita (f)	рецепт	[retsept]
porção (f)	мөлшер	[mølʃær]

salada (f)	салат	[salat]
sopa (f)	көже	[køʒe]
caldo (m)	сорпа	[sorpa]
sandes (f)	бутерброд	[buterbrod]

ovos (m pl) estrelados	қуырылған жұмыртқа	[quirilɣan ʒumirtqa]
hambúrguer (m)	гамбургер	[gamburger]
bife (m)	бифштекс	[bɪfʃteks]

conduto (m)	гарнир	[garnır]
espaguete (m)	спагетти	[spagettı]
puré (m) de batata	картоп езбесі	[kartop ezbesi]
pizza (f)	пицца	[pıtsa]
papa (f)	ботқа	[botqa]
omelete (f)	омлет	[omlet]

cozido em água	пісірілген	[pisirilgen]
fumado	ысталған	[istalɣan]
frito	қуырылған	[quirilɣan]
seco	кептірілген	[keptirilgen]
congelado	мұздатылған	[muzdatilɣan]
em conserva	маринадталған	[marınadtalɣan]

doce (açucarado)	тәтті	[tætti]
salgado	тұзды	[tuzdi]
frio	суық	[suiq]
quente	ыстық	[istiq]
amargo	ащы	[açi]
gostoso	дәмді	[dæmdi]

cozinhar (em água a ferver)	пісіру	[pisiru]
fazer, preparar (vt)	әзірлеу	[æzirleu]
fritar (vt)	қуыру	[quiru]
aquecer (vt)	ысыту	[isitu]

salgar (vt)	тұздау	[tuzdau]
apimentar (vt)	бұрыш салу	[buriʃ salu]
ralar (vt)	үйкеу	[ujkeu]
casca (f)	қабық	[qabiq]
descascar (vt)	аршу	[arʃu]

41. Especiarias

sal (m)	тұз	[tuz]
salgado	тұзды	[tuzdi]
salgar (vt)	тұздау	[tuzdau]

pimenta (f) preta	қара бұрыш	[qara buriʃ]
pimenta (f) vermelha	қызыл бұрыш	[qizil buriʃ]
mostarda (f)	қыша	[qiʃa]
raiz-forte (f)	түбіртамыр	[tubirtamir]

condimento (m)	дәмдеуіш	[dæmdewiʃ]
especiaria (f)	дәмдеуіш	[dæmdewiʃ]
molho (m)	тұздық	[tuzdiq]
vinagre (m)	сірке суы	[sirke sui]

anis (m)	анис	[anıs]
manjericão (m)	насыбайгүл	[nasibajgul]

cravo (m)	қалампырғүл	[qalampirgʉl]
gengibre (m)	имбирь	[ımbırʲ]
coentro (m)	кориандр	[korıandr]
canela (f)	даршын	[darʃin]
sésamo (m)	күнжіт	[kʉnʒit]
folhas (f pl) de louro	лавр жапырағы	[lavr ʒapiraɣi]
páprica (f)	паприка	[paprika]
cominho (m)	зире	[zıre]
açafrão (m)	бәйшешек	[bæjʃeʃek]

42. Refeições

comida (f)	тамақ	[tamaq]
comer (vt)	жеу	[ʒeu]
pequeno-almoço (m)	ертеңгілік тамақ	[erteŋgilik tamaq]
tomar o pequeno-almoço	ертеңгі тамақты ішу	[erteŋgi tamaqtɨ iʃu]
almoço (m)	түскі тамақ	[tʉski tamaq]
almoçar (vi)	түскі тамақ жеу	[tʉski tamaq ʒeu]
jantar (m)	кешкі тамақ	[keʃki tamaq]
jantar (vi)	кешкі тамақ ішу	[keʃki tamaq iʃu]
apetite (m)	тәбет	[tæbet]
Bom apetite!	Ас болсын!	[as bolsin]
abrir (~ uma lata, etc.)	аш	[aʃ]
derramar (vt)	төгу	[tøgu]
derramar-se (vr)	төгілу	[tøgilu]
ferver (vi)	қайнау	[qajnau]
ferver (vt)	қайнату	[qajnatu]
fervido	қайнатылған	[qajnatilɣan]
arrefecer (vt)	салқындату	[salqindatu]
arrefecer-se (vr)	салқындау	[salqindau]
sabor, gosto (m)	талғам	[talɣam]
gostinho (m)	татым	[tatim]
fazer dieta	арықтау	[ariqtau]
dieta (f)	диета	[dıeta]
vitamina (f)	дәрумен	[dærumen]
caloria (f)	калория	[kalorıja]
vegetariano (m)	вегетариан	[vegetarıan]
vegetariano	вегетариандық	[vegetarıandiq]
gorduras (f pl)	майлар	[majlar]
proteínas (f pl)	ақуыз	[aquiz]
carboidratos (m pl)	көміртегі	[kømirtegi]
fatia (~ de limão, etc.)	тілім	[tilim]
pedaço (~ de bolo)	кесек	[kesek]
migalha (f)	үзім	[ʉzim]

43. Por a mesa

colher (f)	қасық	[qasiq]
faca (f)	пышақ	[piʃaq]
garfo (m)	шанышқы	[ʃaniʃqi]
chávena (f)	шыныаяқ	[ʃiniajaq]
prato (m)	тәрелке	[tærelke]
pires (m)	табақша	[tabaqʃa]
guardanapo (m)	майлық	[majliq]
palito (m)	тіс тазартқыш	[tis tazartqiʃ]

44. Restaurante

restaurante (m)	мейрамхана	[mejramhana]
café (m)	кофехана	[kofehana]
bar (m), cervejaria (f)	бар	[bar]
salão (m) de chá	шайхана	[ʃajhana]
empregado (m) de mesa	даяшы	[dajaʃi]
empregada (f) de mesa	даяшы	[dajaʃi]
barman (m)	бармен	[barmen]
ementa (f)	мәзір	[mæzir]
lista (f) de vinhos	шарап картасы	[ʃarap kartasi]
reservar uma mesa	бронды үстел	[brondi ustel]
prato (m)	тамақ	[tamaq]
pedir (vt)	тапсырыс беру	[tapsiris beru]
fazer o pedido	тапсырыс жасау	[tapsiris ʒasau]
aperitivo (m)	аперитив	[aperıtıv]
entrada (f)	дәмтатым	[dæmtatim]
sobremesa (f)	десерт	[desert]
conta (f)	есеп	[esep]
pagar a conta	есеп бойынша төлеу	[esep bojinʃa tøleu]
dar o troco	төленгеннің артығын беру	[tølengeniŋ artiɣin beru]
gorjeta (f)	шайлық	[ʃajliq]

Família, parentes e amigos

45. Informação pessoal. Formulários

nome (m)	есім	[esim]
apelido (m)	тек	[tek]
data (f) de nascimento	туған күні	[tuɣan kɷni]
local (m) de nascimento	туған жері	[tuɣan ʒeri]
nacionalidade (f)	ұлт	[ʊlt]
lugar (m) de residência	тұратын мекені	[tʊratin mekeni]
país (m)	ел	[el]
profissão (f)	мамандық	[mamandiq]
sexo (m)	жыныс	[ʒinis]
estatura (f)	бой	[boj]
peso (m)	салмақ	[salmaq]

46. Membros da família. Parentes

mãe (f)	ана	[ana]
pai (m)	әке	[æke]
filho (m)	ұл	[ʊl]
filha (f)	қыз	[qiz]
filha (f) mais nova	кіші қыз	[kiʃi qiz]
filho (m) mais novo	кіші ұл	[kiʃi ʊl]
filha (f) mais velha	үлкен қыз	[ɷlken qiz]
filho (m) mais velho	үлкен ұл	[ɷlken ʊl]
irmão (m)	бауыр	[bawɨr]
irmão (m) mais velho	аға	[aɣa]
irmão (m) mais novo	іні	[ini]
irmã (f)	қарындас	[qarindas]
irmã (f) mais velha	апа	[apa]
irmã (f) mais nova	сіңлі	[siŋli]
primo (m)	немере аға	[nemere aɣa]
prima (f)	немере әпке	[nemere æpke]
mamã (f)	апа	[apa]
papá (m)	әке	[æke]
pais (pl)	әке-шеше	[ækeʃeʃe]
criança (f)	бала	[bala]
crianças (f pl)	балалар	[balalar]
avó (f)	әже	[æʒe]
avô (m)	ата	[ata]
neto (m)	немере, жиен	[nemere], [ʒɪen]

neta (f)	немере қыз, жиен қыз	[nemere qiz], [ʒien qiz]
netos (pl)	немерелер	[nemereler]
tio (m)	аға	[aɣa]
tia (f)	тәте	[tæte]
sobrinho (m)	жиен, ини	[ʒien], [ini]
sobrinha (f)	жиен	[ʒien]
sogra (f)	ене	[ene]
sogro (m)	қайын ата	[qajin ata]
genro (m)	жездей	[ʒezdej]
madrasta (f)	өгей ана	[øgej ana]
padrasto (m)	өгей әке	[øgej æke]
criança (f) de colo	емшек баласы	[emʃæk balasi]
bebé (m)	бөбек	[bøbek]
menino (m)	бөбек	[bøbek]
mulher (f)	әйел	[æjel]
marido (m)	еркек	[erkek]
esposo (m)	күйеу	[kujeu]
esposa (f)	әйел	[æjel]
casado	үйленген	[ujlengen]
casada	күйеуге шыққан	[kujeuge ʃiqqan]
solteiro	бойдақ	[bojdaq]
solteirão (m)	бойдақ	[bojdaq]
divorciado	ажырасқан	[aʒirasqan]
viúva (f)	жесір әйел	[ʒesir æjel]
viúvo (m)	тұл ер адам	[tul er adam]
parente (m)	туысқан	[tuisqan]
parente (m) próximo	жақын туысқан	[ʒaqin tuisqan]
parente (m) distante	алыс ағайын	[alis aɣajin]
parentes (m pl)	туған-туысқандар	[tuɣan tuisqandar]
órfão (m), órfã (f)	жетім бала	[ʒetim bala]
tutor (m)	қамқоршы	[qamqorʃi]
adotar (um filho)	бала қылып алу	[bala qilip alu]
adotar (uma filha)	қыз етіп асырап алу	[qiz etip asirap alu]

Medicina

47. Doenças

doença (f)	науқас	[nauqas]
estar doente	науқастану	[nauqastanu]
saúde (f)	денсаулық	[densauliq]
nariz (m) a escorrer	тұмау	[tumau]
amigdalite (f)	ангина	[angına]
constipação (f)	суық тию	[suıq tıju]
constipar-se (vr)	суық тигізіп алу	[suıq tıgizip alu]
bronquite (f)	бронхит	[bronhıt]
pneumonia (f)	өкпенің талаурауы	[økpeniŋ talaurawi]
gripe (f)	тұмау	[tumau]
míope	алыстан көрмейтін	[alistan kørmejtin]
presbita	алыс көргіш	[alis kørgiʃ]
estrabismo (m)	шапыраш	[ʃapiraʃ]
estrábico	шапыраш	[ʃapiraʃ]
catarata (f)	шел	[ʃæl]
glaucoma (m)	глаукома	[glaukoma]
AVC (m), apoplexia (f)	инсульт	[ınsulʲt]
ataque (m) cardíaco	инфаркт	[ınfarkt]
enfarte (m) do miocárdio	миокард инфарктісі	[mıokard ınfarktisi]
paralisia (f)	сал	[sal]
paralisar (vt)	сал болу	[sal bolu]
alergia (f)	аллергия	[allergıja]
asma (f)	демікпе	[demikpe]
diabetes (f)	диабет	[dıabet]
dor (f) de dentes	тіс ауруы	[tis aurui]
cárie (f)	тістотық	[tistotiq]
diarreia (f)	іш ауру	[iʃ auru]
prisão (f) de ventre	іш қату	[iʃ qatu]
desarranjo (m) intestinal	асқазанның бұзылуы	[asqazanıŋ buzilui]
intoxicação (f) alimentar	улану	[ulanu]
intoxicar-se	улану	[ulanu]
artrite (f)	шорбуын	[ʃorbuin]
raquitismo (m)	итауру	[ıtauru]
reumatismo (m)	ревматизм	[revmatızm]
arteriosclerose (f)	умытшақтық	[umitʃaqtiq]
gastrite (f)	гастрит	[gastrıt]
apendicite (f)	аппендицит	[appendıtsıt]

colecistite (f)	өт қабының қабынуы	[øt qabiniŋ qabinui]
úlcera (f)	ойық жара	[ojiq ʒara]
sarampo (m)	қызылша	[qizilʃa]
rubéola (f)	қызамық	[qizamɨq]
itericia (f)	сарылық	[sarɨlɨq]
hepatite (f)	бауыр қабынуы	[bawɨr qabinui]
esquizofrenia (f)	шизофрения	[ʃɪzofrenɪja]
raiva (f)	құтырғандық	[qutɨrɣandɨq]
neurose (f)	невроз	[nevroz]
comoção (f) cerebral	ми шақалауы	[mɪ ʃaqalawi]
cancro (m)	бейдауа	[bejdawa]
esclerose (f)	склероз	[skleroz]
esclerose (f) múltipla	ұмытшақ склероз	[umɨtʃaq skleroz]
alcoolismo (m)	маскүнемдік	[maskunemdik]
alcoólico (m)	маскүнем	[maskunem]
sífilis (f)	сифилис	[sɨfɨlɨs]
SIDA (f)	ЖИТС	[ʒɪts]
tumor (m)	ісік	[isik]
febre (f)	безгек	[bezgek]
malária (f)	ұшық	[uʃiq]
gangrena (f)	гангрена	[gangrena]
enjoo (m)	теңіз ауруы	[teniz aurui]
epilepsia (f)	қояншық	[qojanʃiq]
epidemia (f)	жаппай ауру	[ʒappaj auru]
tifo (m)	кезік	[kezik]
tuberculose (f)	жегі	[ʒegi]
cólera (f)	тырысқақ	[tirisqaq]
peste (f)	мәлік	[mælik]

48. Sintomas. Tratamentos. Parte 1

sintoma (m)	белгі	[belgi]
temperatura (f)	дене қызымы	[dene qizimi]
febre (f)	ыстығы көтерілу	[istɨɣɨ koterilu]
pulso (m)	тамыр соғуы	[tamɨr soɣui]
vertigem (f)	бас айналу	[bas ajnalu]
quente (testa, etc.)	ыстық	[istiq]
calafrio (m)	қалтырау	[qaltɨrau]
pálido	өңсіз	[øŋsiz]
tosse (f)	жөтел	[ʒøtel]
tossir (vi)	жөтелу	[ʒøtelu]
espirrar (vi)	түшкіру	[tuʃkiru]
desmaio (m)	талу	[talu]
desmaiar (vi)	талып қалу	[talɨp qalu]
nódoa (f) negra	көгелген ет	[kogelgen et]
galo (m)	томпақ	[tompaq]

magoar-se (vr)	ұрыну	[urinu]
pisadura (f)	жарақат	[ʒaraqat]
aleijar-se (vr)	зақымдану	[zaqimdanu]
coxear (vi)	ақсаңдау	[aqsaŋdau]
deslocação (f)	буынын шығару	[buinin ʃiɣaru]
deslocar (vt)	шығып кету	[ʃiɣip ketu]
fratura (f)	сыну	[sinu]
fraturar (vt)	сындырып алу	[sindirip alu]
corte (m)	жара	[ʒara]
cortar-se (vr)	кесу	[kesu]
hemorragia (f)	қан кету	[qan ketu]
queimadura (f)	күйген жер	[kujgen ʒer]
queimar-se (vr)	кую	[kuju]
picar (vt)	шаншу	[ʃanʃu]
picar-se (vr)	шаншылу	[ʃanʃilu]
lesionar (vt)	зақымдау	[zaqimdau]
lesão (m)	зақым	[zaqim]
ferida (f), ferimento (m)	жарақат	[ʒaraqat]
trauma (m)	жарақат	[ʒaraqat]
delirar (vi)	еліру	[eliru]
gaguejar (vi)	тұтығу	[tutiɣu]
insolação (f)	басынан күн өту	[basinan kun øtu]

49. Sintomas. Tratamentos. Parte 2

dor (f)	ауру	[auru]
farpa (no dedo)	тікен	[tiken]
suor (m)	тер	[ter]
suar (vi)	терлеу	[terleu]
vómito (m)	құсық	[qusiq]
convulsões (f pl)	түйілу	[tujilu]
grávida	жүкті	[ʒukti]
nascer (vi)	туу	[tuu]
parto (m)	босану	[bosanu]
dar à luz	босану	[bosanu]
aborto (m)	түсік	[tusik]
respiração (f)	дем	[dem]
inspiração (f)	дем тарту	[dem tartu]
expiração (f)	дем шығару	[dem ʃiɣaru]
expirar (vi)	дем шығару	[dem ʃiɣaru]
inspirar (vi)	дем тарту	[dem tartu]
inválido (m)	мүгедек	[mugedek]
aleijado (m)	мүгедек	[mugedek]
toxicodependente (m)	нашақор	[naʃaqor]
surdo	саңырау	[saŋirau]

mudo	мылқау	[mılqau]
surdo-mudo	керең-мылқау	[kereŋ milqau]

louco (adj.)	есуас	[esuas]
louco (m)	жынды	[ʒindi]
louca (f)	жынды	[ʒindi]
ficar louco	ақылдан айрылу	[aqildan ajrilu]

gene (m)	ген	[gen]
imunidade (f)	иммунитет	[ımmunıtet]
hereditário	мұралық	[muraliq]
congénito	туа біткен ауру	[tua bitken auru]

vírus (m)	вирус	[vırus]
micróbio (m)	микроб	[mıkrob]
bactéria (f)	бактерия	[bakterıja]
infeção (f)	індет	[indet]

50. Sintomas. Tratamentos. Parte 3

hospital (m)	емхана	[emhana]
paciente (m)	емделуші	[emdeluʃi]

diagnóstico (m)	диагноз	[dıagnoz]
cura (f)	емдеу	[emdeu]
tratamento (m) médico	емдеу	[emdeu]
curar-se (vr)	емделу	[emdelu]
tratar (vt)	емдеу	[emdeu]
cuidar (pessoa)	бағып-қағу	[baɣip qaɣu]
cuidados (m pl)	бағып-қағу	[baɣip qaɣu]

operação (f)	операция	[operatsıja]
enfaixar (vt)	матау	[matau]
enfaixamento (m)	таңу	[taŋu]

vacinação (f)	екпе	[ekpe]
vacinar (vt)	егу	[egu]
injeção (f)	шаншу	[ʃanʃu]
dar uma injeção	шаншу	[ʃanʃu]

amputação (f)	ампутация	[amputatsıja]
amputar (vt)	ампутациялау	[amputatsıjalau]
coma (f)	кома	[koma]
estar em coma	комада болу	[komada bolu]
reanimação (f)	реанимация	[reanımatsıja]

recuperar-se (vr)	жазыла бастау	[ʒazila bastau]
estado (~ de saúde)	хал	[hal]
consciência (f)	ақыл-ой	[aqil oj]
memória (f)	ес	[es]

tirar (vt)	жұлу	[ʒulu]
chumbo (m), obturação (f)	пломба	[plomba]
chumbar, obturar (vt)	пломба салу	[plomba salu]

hipnose (f)	гипноз	[gıpnoz]
hipnotizar (vt)	гипноздау	[gıpnozdau]

51. Médicos

médico (m)	дәрігер	[dæriger]
enfermeira (f)	медбике	[medbıke]
médico (m) pessoal	жеке дәрігер	[ʒeke dæriger]
dentista (m)	тіс дәрігері	[tis dærigeri]
oculista (m)	көз дәрігері	[køz dærigeri]
terapeuta (m)	терапевт	[terapevt]
cirurgião (m)	хирург	[hırurg]
psiquiatra (m)	психиатр	[psıhıatr]
pediatra (m)	педиатр	[pedıatr]
psicólogo (m)	психолог	[psıholog]
ginecologista (m)	гинеколог	[gınekolog]
cardiologista (m)	кардиолог	[kardıolog]

52. Medicina. Drogas. Acessórios

medicamento (m)	дәрі	[dæri]
remédio (m)	дауа	[dawa]
receitar (vt)	дәрі жазып беру	[dæri ʒazıp beru]
receita (f)	рецепт	[retsept]
comprimido (m)	дәрі	[dæri]
pomada (f)	май	[maj]
ampola (f)	ампула	[ampula]
preparado (m)	микстура	[mıkstura]
xarope (m)	шәрбат	[ʃærbat]
cápsula (f)	домалақ дәрі	[domalaq dæri]
remédio (m) em pó	ұнтақ	[untaq]
ligadura (f)	бинт	[bınt]
algodão (m)	мақта	[maqta]
iodo (m)	йод	[jod]
penso (m) rápido	лейкопластырь	[lejkoplastir']
conta-gotas (m)	тамызғыш	[tamızɣıʃ]
termómetro (m)	градусник	[gradusnık]
seringa (f)	шприц	[ʃprıts]
cadeira (f) de rodas	мүгедек күймесі	[mugedek kujmesi]
muletas (f pl)	балдақтар	[baldaqtar]
analgésico (m)	ауыруды сездірмейтін дәрі	[awırudɨ sezdirmejtin dæri]
laxante (m)	іш өткізгіш дәрі	[iʃ øtkizgiʃ dæri]
álcool (m) etílico	спирт	[spırt]
ervas (f pl) medicinais	шөп	[ʃøp]
de ervas (chá ~)	шөпті	[ʃøpti]

HABITAT HUMANO

Cidade

53. Cidade. Vida na cidade

cidade (f)	қала	[qala]
capital (f)	астана	[astana]
aldeia (f)	ауыл	[awıl]
mapa (m) da cidade	қаланың жоспары	[qalanıŋ ʒospari]
centro (m) da cidade	қаланың орталығы	[qalanıŋ ortaliɣi]
subúrbio (m)	қала маңы	[qala maŋi]
suburbano	қала маңайы	[qala maŋaji]
periferia (f)	түкпір	[tʉkpir]
arredores (m pl)	айнала-төңірек	[ajnalatøŋirek]
quarteirão (m)	квартал	[kvartal]
quarteirão (m) residencial	тұрғын квартал	[tʊrɣin kvartal]
tráfego (m)	жүріс	[ʒʉris]
semáforo (m)	бағдаршам	[baɣdarʃam]
transporte (m) público	қала көлігі	[qala køligi]
cruzamento (m)	жол торабы	[ʒol torabi]
passadeira (f)	өтпелі	[øtpeli]
passagem (f) subterrânea	жерасты өтпе жолы	[ʒerasti øtpe ʒoli]
cruzar, atravessar (vt)	өту	[øtu]
peão (m)	жаяу	[ʒajau]
passeio (m)	жаяулар жүретін жол	[ʒajaular ʒʉretin ʒol]
ponte (f)	көпір	[køpir]
margem (f) do rio	жағалау	[ʒaɣalau]
alameda (f)	саяжол	[sajaʒol]
parque (m)	саябақ	[sajabaq]
bulevar (m)	бульвар	[bulʲvar]
praça (f)	алаң	[alaŋ]
avenida (f)	даңғыл	[daŋɣıl]
rua (f)	көше	[køʃæ]
travessa (f)	тұйық көше	[tʊjiq køʃæ]
beco (m) sem saída	тұйық	[tʊjiq]
casa (f)	үй	[ʉj]
edifício, prédio (m)	ғимарат	[ɣımarat]
arranha-céus (m)	зеңгір үй	[zeŋgir ʉj]
fachada (f)	фасад	[fasad]
telhado (m)	шатыр	[ʃatir]

janela (f)	терезе	[tereze]
arco (m)	дарбаза	[darbaza]
coluna (f)	колонна	[kolona]
esquina (f)	бұрыш	[burıʃ]
montra (f)	көрме	[kørme]
letreiro (m)	маңдайша жазу	[maŋdajʃa ʒazu]
cartaz (m)	жарқағаз	[ʒarqaɣaz]
cartaz (m) publicitário	жарнамалық плакат	[ʒarnamalıq plakat]
painel (m) publicitário	жарнама қалқаны	[ʒarnama qalqanı]
lixo (m)	қоқым-соқым	[qoqım soqım]
cesta (f) do lixo	қоқыс салатын урна	[qoqıs salatın urna]
jogar lixo na rua	қоқыту	[qoqıtu]
aterro (m) sanitário	қоқыс тастайтын жер	[qoqıs tastajtin ʒer]
cabine (f) telefónica	телефон будкасі	[telefon budkasi]
candeeiro (m) de rua	фонарь бағанасы	[fonarı baɣanasi]
banco (m)	орындық	[orindiq]
polícia (m)	полицей	[polıtsej]
polícia (instituição)	полиция	[polıtsıja]
mendigo (m)	қайыршы	[qajirʃi]
sem-abrigo (m)	үйсіз	[ujsiz]

54. Instituições urbanas

loja (f)	дүкен	[duken]
farmácia (f)	дәріхана	[dærihana]
ótica (f)	оптика	[optıka]
centro (m) comercial	сауда орталығы	[sauda ortaliɣi]
supermercado (m)	супермаркет	[supermarket]
padaria (f)	тоқаш сататын дүкен	[toqaʃ satatin duken]
padeiro (m)	наубайшы	[naubajʃi]
pastelaria (f)	кондитер	[kondıter]
mercearia (f)	бакалея	[bakaleja]
talho (m)	ет дүкені	[et dukeni]
loja (f) de legumes	көкөнісдүкені	[køkønisdukeni]
mercado (m)	нарық	[nariq]
café (m)	кафе	[kafe]
restaurante (m)	мейрамхана	[mejramhana]
bar (m), cervejaria (f)	сырахана	[sirahana]
pizzaria (f)	пиццерия	[pıtserıja]
salão (m) de cabeleireiro	шаштараз	[ʃaʃtaraz]
correios (m pl)	пошта	[poʃta]
lavandaria (f)	химиялық тазалау	[hımıjaliq tazalau]
estúdio (m) fotográfico	фотосурет шеберханасы	[fotosuret ʃæberhanasi]
sapataria (f)	аяқ киім дүкені	[ajaq kıim dukeni]
livraria (f)	кітап дүкені	[kitap dukeni]

loja (f) de artigos de desporto	спорт дүкені	[sport dʉkeni]
reparação (f) de roupa	киім жөндеу	[kiim ʒøndeu]
aluguer (m) de roupa	киімді жалға беру	[kıimdi ʒalɣa beru]
aluguer (m) de filmes	фильмді жалға беру	[fılʲmdi ʒalɣa beru]

circo (m)	цирк	[tsɪrk]
jardim (m) zoológico	айуанаттар паркі	[ajuanattar parki]
cinema (m)	кинотеатр	[kınoteatr]
museu (m)	музей	[muzej]
biblioteca (f)	кітапхана	[kitaphana]

teatro (m)	театр	[teatr]
ópera (f)	опера	[opera]
clube (m) noturno	түнгі клуб	[tʉngi klub]
casino (m)	казино	[kazıno]

mesquita (f)	мешіт	[meʃit]
sinagoga (f)	синагога	[sınagoga]
catedral (f)	кесене	[kesene]
templo (m)	ғибадатхана	[ɣıbadathana]
igreja (f)	шіркеу	[ʃirkeu]

instituto (m)	институт	[ınstıtut]
universidade (f)	университет	[unıvɛrsıtet]
escola (f)	мектеп	[mektep]

prefeitura (f)	әкімшілік	[æːkimʃilik]
câmara (f) municipal	әкімдік	[æːkimdik]
hotel (m)	қонақ үй	[qonaq ʉj]
banco (m)	банк	[bank]

embaixada (f)	елшілік	[elʃilik]
agência (f) de viagens	туристік агенттік	[turıstik agenttik]
agência (f) de informações	анықтама бюросы	[anıqtama bjurosi]
casa (f) de câmbio	айырбас пункті	[ajırbas punkti]

metro (m)	метро	[metro]
hospital (m)	емхана	[emhana]

posto (m) de gasolina	жанармай	[ʒanarmaj]
parque (m) de estacionamento	тұрақ	[tʊraq]

55. Sinais

letreiro (m)	маңдайша жазу	[maŋdajʃa ʒazu]
inscrição (f)	жазба	[ʒazba]
cartaz, póster (m)	плакат	[plakat]
sinal (m) informativo	көрсеткіш	[kørsetkiʃ]
seta (f)	тіл	[til]

aviso (advertência)	алдын-ала ескерту	[aldın ala eskertu]
sinal (m) de aviso	ескерту	[eskertu]
avisar, advertir (vt)	ескерту	[eskertu]
dia (m) de folga	демалыс күні	[demalıs kʉni]

horário (m)	кесте	[keste]
horário (m) de funcionamento	жұмыс сағаттары	[ʒumis saɣattari]
BEM-VINDOS!	ҚОШ КЕЛДІҢІЗДЕР!	[qoʃ keldiŋizder]
ENTRADA	КІРУ	[kiru]
SAÍDA	ШЫҒУ	[ʃiɣu]
EMPURRE	ИТЕРУ	[ıteru]
PUXE	ТАРТУ	[tartu]
ABERTO	АШЫҚ	[aʃiq]
FECHADO	ЖАБЫҚ	[ʒabiq]
MULHER	ӘЙЕЛДЕР	[æjelder]
HOMEM	ЕРКЕКТЕР	[ɛrkekter]
DESCONTOS	ЖЕҢІЛДІКТЕР	[ʒeŋildikter]
SALDOS	КӨТЕРЕ САТУ	[køtere satu]
NOVIDADE!	ЖАҢАЛЫҚ!	[ʒaŋaliq]
GRÁTIS	АҚЫСЫЗ	[aqisiz]
ATENÇÃO!	НАЗАР АУДАРЫҢЫЗ!	[nazar audariŋiz]
NÃO HÁ VAGAS	ОРЫН ЖОҚ	[orin ʒoq]
RESERVADO	БРОНЬДАЛҒАН	[bronʲdalɣan]
ADMINISTRAÇÃO	ӘКІМШІЛІК	[ækimʃilik]
SOMENTE PESSOAL AUTORIZADO	ТЕК ҚЫЗМЕТКЕРЛЕР ҮШІН	[tek qizmetkerler uʃin]
CUIDADO CÃO FEROZ	ҚАБАҒАН ИТ	[qabaɣan ıt]
PROIBIDO FUMAR!	ТЕМЕКІ ШЕКПЕҢІЗ!	[temeki ʃækpeŋiz]
NÃO TOCAR	ҚОЛМЕН ҰСТАМАҢЫЗ!	[qolmen ustamaŋiz]
PERIGOSO	ҚАУІПТІ	[qawipti]
PERIGO	ҚАУІП-ҚАТЕР	[qawip qater]
ALTA TENSÃO	ЖОҒАРЫ КЕРНЕУ	[ʒoɣari kerneu]
PROIBIDO NADAR	ШОМЫЛУҒА ТЫЙЫМ САЛЫНАДЫ	[ʃomiluɣa tijim salinadi]
AVARIADO	ІСТЕМЕЙДІ	[istemejdi]
INFLAMÁVEL	ӨРТЕНГІШ	[ørtengiʃ]
PROIBIDO	ТЫЙЫМ САЛЫНАДЫ	[tijim salinadi]
ENTRADA PROIBIDA	ӨТУГЕ ТЫЙЫМ САЛЫНАДЫ	[øtuge tijim salinadi]
CUIDADO TINTA FRESCA	БОЯУЛЫ	[bojauli]

56. Transportes urbanos

autocarro (m)	автобус	[avtobus]
elétrico (m)	трамвай	[tramvaj]
troleicarro (m)	троллейбус	[trollejbus]
itinerário (m)	бағдар	[baɣdar]
número (m)	нөмір	[nømir]
ir de … (carro, etc.)	… бару	[baru]
entrar (~ no autocarro)	отыру	[otiru]

descer de ...	шығу	[ʃiɣu]
paragem (f)	аялдама	[ajaldama]
próxima paragem (f)	келесі аялдама	[kelesi ajaldama]
ponto (m) final	соңғы аялдама	[soŋɣɨ ajaldama]
horário (m)	кесте	[keste]
esperar (vt)	тосу	[tosu]
bilhete (m)	билет	[bɪlet]
custo (m) do bilhete	билеттің құны	[bɪlettiŋ qʊnɨ]
bilheteiro (m)	кассир	[kassɪr]
controlo (m) dos bilhetes	бақылау	[baqɨlau]
revisor (m)	бақылаушы	[baqɨlauʃɨ]
atrasar-se (vr)	кешігу	[keʃigu]
perder (o autocarro, etc.)	кешігу	[keʃigu]
estar com pressa	асығу	[asɨɣu]
táxi (m)	такси	[taksɪ]
taxista (m)	таксист	[taksɪst]
de táxi (ir ~)	таксимен	[taksɪmen]
praça (f) de táxis	такси тұрағы	[taksɪ tʊraɣɨ]
chamar um táxi	такси жалдау	[taksɪ ʒaldau]
apanhar um táxi	такси жалдау	[taksɪ ʒaldau]
tráfego (m)	көше қозғалысы	[køʃæ qozɣalɨsɨ]
engarrafamento (m)	тығын	[tɨɣɨn]
horas (f pl) de ponta	қарбалас сағаттары	[qarbalas saɣattarɨ]
estacionar (vi)	көлікті қою	[kølikti qoju]
estacionar (vt)	көлікті қою	[kølikti qoju]
parque (m) de estacionamento	тұрақ	[tʊraq]
metro (m)	метро	[metro]
estação (f)	бекет	[beket]
ir de metro	метромен жүру	[metromen ʒʉru]
comboio (m)	пойыз	[pojiz]
estação (f)	вокзал	[vokzal]

57. Turismo

monumento (m)	ескерткіш	[eskertkiʃ]
fortaleza (f)	қамал	[qamal]
palácio (m)	сарай	[saraj]
castelo (m)	сарай	[saraj]
torre (f)	мұнара	[mʊnara]
mausoléu (m)	мазар	[mazar]
arquitetura (f)	сәулет	[sæulet]
medieval	орта ғасырлы	[orta ɣasɨrlɨ]
antigo	ескі	[eski]
nacional	ұлттық	[ʊlttɨq]
conhecido	атаулы	[ataulɨ]
turista (m)	турист	[turɪst]
guia (pessoa)	гид	[gɪd]

excursão (f)	экскурсия	[ɛkskursıja]
mostrar (vt)	көрсету	[kørsetu]
contar (vt)	әңгімелеу	[æŋgimeleu]
encontrar (vt)	табу	[tabu]
perder-se (vr)	жоғалу	[ʒoɣalu]
mapa (~ do metrô)	схема	[shema]
mapa (~ da cidade)	жоспар	[ʒospar]
lembrança (f), presente (m)	базарлық	[bazarliq]
loja (f) de presentes	базарлық дүкені	[bazarliq dukeni]
fotografar (vt)	суретке түсіру	[suretke tusiru]
fotografar-se	суретке түсу	[suretke tusu]

58. Compras

comprar (vt)	сатып алу	[satip alu]
compra (f)	сатып алынған зат	[satip alinɣan zat]
fazer compras	сауда жасау	[sauda ʒasau]
compras (f pl)	шоппинг	[ʃoppıŋg]
estar aberta (loja, etc.)	жұмыс істеу	[ʒumis isteu]
estar fechada	жабылу	[ʒabilu]
calçado (m)	аяқ киім	[ajaq kiim]
roupa (f)	киім	[kiim]
cosméticos (m pl)	косметика	[kosmetıka]
alimentos (m pl)	азық-түлік	[aziq tulik]
presente (m)	сыйлық	[sijliq]
vendedor (m)	сатушы	[satuʃi]
vendedora (f)	сатушы	[satuʃi]
caixa (f)	касса	[kassa]
espelho (m)	айна	[ajna]
balcão (m)	сатушы сөресі	[satuʃi søresi]
cabine (f) de provas	киіну бөлмесі	[kiinu bølmesi]
provar (vt)	шақтап көру	[ʃaqtap køru]
servir (vi)	жарасу	[ʒarasu]
gostar (apreciar)	ұнау	[unau]
preço (m)	баға	[baɣa]
etiqueta (f) de preço	бағалық	[baɣaliq]
custar (vt)	тұру	[turu]
Quanto?	Қанша?	[qanʃa]
desconto (m)	шегерім	[ʃægerim]
não caro	қымбат емес	[qimbat emes]
barato	арзан	[arzan]
caro	қымбат	[qimbat]
É caro	бұл қымбат	[bul qimbat]
aluguer (m)	жалға беру	[ʒalɣa beru]
alugar (vestidos, etc.)	жалға алу	[ʒalɣa alu]

| crédito (m) | несие | [nesıe] |
| a crédito | несиеге | [nesıege] |

59. Dinheiro

dinheiro (m)	ақша	[aqʃa]
câmbio (m)	айырбастау	[ajırbastau]
taxa (f) de câmbio	курс	[kurs]
Caixa Multibanco (m)	банкомат	[bankomat]
moeda (f)	тиын	[tıin]

| dólar (m) | доллар | [dollar] |
| euro (m) | еуро | [euro] |

lira (f)	лира	[lıra]
marco (m)	марка	[marka]
franco (m)	франк	[frank]
libra (f) esterlina	фунт-стерлинг	[funt sterlıng]
iene (m)	йена	[jena]

dívida (f)	қарыз	[qariz]
devedor (m)	қарыздар	[qarizdar]
emprestar (vt)	қарызға беру	[qarizɣa beru]
pedir emprestado	қарызға алу	[qarizɣa alu]

banco (m)	банкі	[banki]
conta (f)	шот	[ʃot]
depositar na conta	шотқа салу	[ʃotqa salu]
levantar (vt)	шоттан шығару	[ʃottan ʃiɣaru]

cartão (m) de crédito	кредиттік карта	[kredıttik karta]
dinheiro (m) vivo	қолма-қол ақша	[qolma qol aqʃa]
cheque (m)	чек	[ʧek]
passar um cheque	чек жазу	[ʧek ʒazu]
livro (m) de cheques	чек кітапшасы	[ʧek kitapʃasi]

carteira (f)	әмиян	[æmıjan]
porta-moedas (m)	әмиян	[æmıjan]
cofre (m)	жағдан	[ʒaɣdan]

herdeiro (m)	мұрагер	[mʊrager]
herança (f)	мұра	[mʊra]
fortuna (riqueza)	дәулет	[dæulet]

arrendamento (m)	жалгерлік	[ʒalgerlik]
renda (f) de casa	пәтер ақы	[pæter aqi]
alugar (vt)	жалға алу	[ʒalɣa alu]

preço (m)	баға	[baɣa]
custo (m)	баға	[baɣa]
soma (f)	сома	[soma]

| gastar (vt) | шығын қылу | [ʃiɣin qilu] |
| gastos (m pl) | шығындар | [ʃiɣindar] |

economizar (vi)	үнемдеу	[ʉnemdeu]
económico	үнемді	[ʉnemdi]
pagar (vt)	төлеу	[tøleu]
pagamento (m)	төлем-ақы	[tølem aqi̇]
troco (m)	қайыру	[qajiru]
imposto (m)	салық	[saliq]
multa (f)	айыппұл	[aji̇ppʊl]
multar (vt)	айып салу	[aji̇p salu]

60. Correios. Serviço postal

correios (m pl)	пошта	[poʃta]
correio (m)	пошта, хат және	[poʃta], [hat ʒæne]
carteiro (m)	пошташы	[poʃtaʃi]
horário (m)	жұмыс сағаттары	[ʒʊmi̇s saɣattari]
carta (f)	хат	[hat]
carta (f) registada	тапсырыс хат	[tapsiris hat]
postal (m)	ашық хат	[aʃiq hat]
telegrama (m)	жеделхат	[ʒedelhat]
encomenda (f) postal	сәлемдеме	[sælemdeme]
remessa (f) de dinheiro	ақша аударылымы	[aqʃa audari̇li̇mi̇]
receber (vt)	алу	[alu]
enviar (vt)	жіберу	[ʒiberu]
envio (m)	жөнелту	[ʒøneltu]
endereço (m)	мекен жай	[meken ʒaj]
código (m) postal	индекс	[ɪndeks]
remetente (m)	жөнелтуші	[ʒøneltuʃi]
destinatário (m)	алушы	[aluʃi]
nome (m)	ат	[at]
apelido (m)	фамилия	[famılıja]
tarifa (f)	тариф	[tarıf]
ordinário	кәдімгі	[kædimgi]
económico	үнемді	[ʉnemdi]
peso (m)	салмақ	[salmaq]
pesar (estabelecer o peso)	өлшеу	[ølʃæu]
envelope (m)	конверт	[konvert]
selo (m)	марка	[marka]

Moradia. Casa. Lar

61. Casa. Eletricidade

eletricidade (f)	электр	[ɛlektr]
lâmpada (f)	шам	[ʃam]
interruptor (m)	сөндіргіш	[søndirgiʃ]
fusível (m)	тығын	[tiɣin]
fio, cabo (m)	сым	[sim]
instalação (f) elétrica	электр сымы	[ɛlektr simi]
contador (m) de eletricidade	есептегіш	[eseptegiʃ]
indicação (f), registo (m)	есептегіштің көрсетуі	[eseptegiʃtiŋ kørsetui]

62. Moradia. Mansão

casa (f) de campo	қала сыртындағы үй	[qala sirtindaɣi ɥj]
vila (f)	вилла	[vɪlla]
ala (~ do edifício)	қанат	[qanat]
jardim (m)	бақша	[baqʃa]
parque (m)	саябақ	[sajabaq]
estufa (f)	жылыжай	[ʒiliʒaj]
cuidar de …	бағып-қағу	[baɣip qaɣu]
piscina (f)	бассейн	[bassejn]
ginásio (m)	спорт залы	[sport zali]
campo (m) de ténis	теннис корты	[kɪnɪs korti]
cinema (m)	кинотеатр	[kɪnoteatr]
garagem (f)	гараж	[garaʒ]
propriedade (f) privada	жеке меншік	[ʒeke menʃik]
terreno (m) privado	жекеменшік иелігіндегі жерлер	[ʒekemenʃik ɪeligindegi ʒerler]
advertência (f)	ескерту	[eskertu]
sinal (m) de aviso	ескерту жазбасы	[eskertu ʒazbasi]
guarda (f)	күзет	[kʉzet]
guarda (m)	күзетші	[kʉzetʃi]
alarme (m)	дабылдама	[dabildama]

63. Apartamento

apartamento (m)	пәтер	[pæter]
quarto (m)	бөлме	[bølme]

quarto (m) de dormir	жатаржай	[ʒatarʒaj]
sala (f) de jantar	асхана	[ashana]
sala (f) de estar	қонақхана	[qonaqhana]
escritório (m)	кабинет	[kabınet]
antessala (f)	ауыз үй	[awiz uj]
quarto (m) de banho	жуынатын бөлме	[ʒuinatin bølme]
toilette (lavabo)	әжетхана	[æʒethana]
teto (m)	төбе	[tøbe]
chão, soalho (m)	еден	[eden]
canto (m)	бөлменің бұрышы	[bølmeniŋ burıʃi]

64. Mobiliário. Interior

mobiliário (m)	жиһаз	[ʒıhaz]
mesa (f)	үстел	[ustel]
cadeira (f)	орындық	[orindiq]
cama (f)	төсек	[tøsek]
divã (m)	диван	[dıvan]
cadeirão (m)	кресло	[kreslo]
estante (f)	шкаф	[ʃkaf]
prateleira (f)	өре	[øre]
guarda-vestidos (m)	шкаф	[ʃkaf]
cabide (m) de parede	ілгіш	[ilgiʃ]
cabide (m) de pé	ілгіш	[ilgiʃ]
cómoda (f)	комод	[komod]
mesinha (f) de centro	шағын үстелше	[ʃaɣin ustelʃæ]
espelho (m)	айна	[ajna]
tapete (m)	кілем	[kilem]
tapete (m) pequeno	кілемше	[kilemʃæ]
lareira (f)	камин	[kamın]
vela (f)	шырақ	[ʃiraq]
castiçal (m)	шамдал	[ʃamdal]
cortinas (f pl)	перде	[perde]
papel (m) de parede	түсқағаз	[tusqaɣaz]
estores (f pl)	жалюзи	[ʒaljuzı]
candeeiro (m) de mesa	үстел шамы	[ustel ʃami]
candeeiro (m) de parede	шырақ	[ʃiraq]
candeeiro (m) de pé	сәнсәуле	[sænsæule]
lustre (m)	люстра	[ljustra]
pé (de mesa, etc.)	аяқ	[ajaq]
braço (m)	шынтақша	[ʃintaqʃa]
costas (f pl)	арқалық	[arqaliq]
gaveta (f)	жәшік	[ʒæʃik]

65. Quarto de dormir

roupa (f) de cama	төсек-орын жабдығы	[tøsek orin ʒabdiɣi]
almofada (f)	жастық	[ʒastiq]
fronha (f)	жастық тысы	[ʒastiq tisi]
cobertor (m)	көрпе	[kørpe]
lençol (m)	аұқайма	[aqʒajma]
colcha (f)	жамылғы	[ʒamilɣi]

66. Cozinha

cozinha (f)	асүй	[asuj]
gás (m)	газ	[gaz]
fogão (m) a gás	газ плитасы	[gaz plitasi]
fogão (m) elétrico	электр плитасы	[ɛlektr plitasi]
forno (m)	духовка	[duhovka]
forno (m) de micro-ondas	шағын толқынды пеш	[ʃaɣin tolqindi peʃ]
frigorífico (m)	тоңазытқыш	[toŋazitqiʃ]
congelador (m)	мұздатқыш	[muzdatqiʃ]
máquina (f) de lavar louça	ыдыс-аяқ жуу машинасы	[idis ajaq ʒuu maʃinasi]
moedor (m) de carne	еттартқыш	[ettartqiʃ]
espremedor (m)	шырынсыққыш	[ʃirinsiqqiʃ]
torradeira (f)	тостер	[toster]
batedeira (f)	миксер	[mikser]
máquina (f) de café	кофеқайнатқы	[kofeqajnatqi]
cafeteira (f)	кофе шәйнек	[kofe ʃæjnek]
moinho (m) de café	кофе ұнтақтағыш	[kofe untaqtaɣiʃ]
chaleira (f)	шәйнек	[ʃæjnek]
bule (m)	шәйнек	[ʃæjnek]
tampa (f)	жапқыш	[ʒapqiʃ]
coador (m) de chá	сүзгі	[suzgi]
colher (f)	қасық	[qasiq]
colher (f) de chá	шай қасық	[ʃaj qasiq]
colher (f) de sopa	ас қасық	[as qasiq]
garfo (m)	шанышқы	[ʃaniʃqi]
faca (f)	пышақ	[piʃaq]
louça (f)	ыдыс	[idis]
prato (m)	тәрелке	[tærelke]
pires (m)	табақша	[tabaqʃa]
cálice (m)	рөмке	[rømke]
copo (m)	стақан	[staqan]
chávena (f)	шыныаяқ	[ʃiniajaq]
açucareiro (m)	қантсалғыш	[qantsalɣiʃ]
saleiro (m)	тұз сауыт	[tuz sawit]
pimenteiro (m)	бұрыш салғыш	[buriʃ salɣiʃ]

manteigueira (f)	майсауыт	[majsawɨt]
panela, caçarola (f)	кастрөл	[kastrøl]
frigideira (f)	таба	[taba]
concha (f)	ожау	[oʒau]
passador (m)	сүзекі	[sʉzeki]
bandeja (f)	табақ	[tabaq]
garrafa (f)	бөтелке	[bøtelke]
boião (m) de vidro	банкі	[banki]
lata (f)	банкі	[banki]
abre-garrafas (m)	ашқыш	[aʃqɨʃ]
abre-latas (m)	ашқыш	[aʃqɨʃ]
saca-rolhas (m)	бұранда	[buranda]
filtro (m)	сүзгіш	[sʉzgiʃ]
filtrar (vt)	сүзу	[sʉzu]
lixo (m)	қоқым-соқым	[qoqɨm soqɨm]
balde (m) do lixo	қоқыс шелегі	[qoqɨs ʃælegi]

67. Casa de banho

quarto (m) de banho	жуынатын бөлме	[ʒuɨnatɨn bølme]
água (f)	су	[su]
torneira (f)	шүмек	[ʃʉmek]
água (f) quente	ыстық су	[ɨstɨq su]
água (f) fria	суық су	[suɨq su]
pasta (f) de dentes	тіс пастасы	[tis pastasɨ]
escovar os dentes	тіс тазалау	[tis tazalau]
barbear-se (vr)	қырыну	[qɨrɨnu]
espuma (f) de barbear	қырынуға арналған көбік	[qɨrɨnuɣa arnalɣan købik]
máquina (f) de barbear	ұстара	[ustara]
lavar (vt)	жуу	[ʒuu]
lavar-se (vr)	жуыну	[ʒuɨnu]
duche (m)	душ	[duʃ]
tomar um duche	душқа түсу	[duʃqa tʉsu]
banheira (f)	ванна	[vana]
sanita (f)	унитаз	[unɪtaz]
lavatório (m)	раковина	[rakovɪna]
sabonete (m)	сабын	[sabɨn]
saboneteira (f)	сабын салғыш	[sabɨn salɣɨʃ]
esponja (f)	губка	[gubka]
champô (m)	сусабын	[susabɨn]
toalha (f)	орамал	[oramal]
roupão (m) de banho	шапан	[ʃapan]
lavagem (f)	кір жуу	[kir ʒuu]
máquina (f) de lavar	кіржуғыш машина	[kirʒuɣɨʃ maʃɨna]

lavar a roupa	кір жуу	[kir ʒuu]
detergente (m)	кір жуу ұнтағы	[kir ʒuu untaɣi]

68. Eletrodomésticos

televisor (m)	теледидар	[teledıdar]
gravador (m)	магнитофон	[magnıtofon]
videogravador (m)	бейнемагнитофон	[bejnemagnıtofon]
rádio (m)	қабылдағыш	[qabɨldaɣiʃ]
leitor (m)	плеер	[pleer]
projetor (m)	бейне проекторы	[bejne proektori]
cinema (m) em casa	үй кинотеатры	[ʉj kınoteatri]
leitor (m) de DVD	DVD ойнатқыш	[dividi ojnatqiʃ]
amplificador (m)	күшейткіш	[kʉʃæjtkiʃ]
console (f) de jogos	ойын қосымшасы	[ojin qosimʃasi]
câmara (f) de vídeo	бейнекамера	[bejnekamera]
máquina (f) fotográfica	фотоаппарат	[fotoapparat]
câmara (f) digital	цифрлы фотоаппарат	[tsıfrlɨ fotoapparat]
aspirador (m)	шаңсорғыш	[ʃaŋsorɣiʃ]
ferro (m) de engomar	үтік	[ʉtik]
tábua (f) de engomar	үтіктеу тақтасы	[ʉtikteu taqtasi]
telefone (m)	телефон	[telefon]
telemóvel (m)	ұялы телефон	[ʊjalɨ telefon]
máquina (f) de escrever	жазу машинкасы	[ʒazu maʃinkasi]
máquina (f) de costura	тігін машинкасы	[tigin maʃinkasi]
microfone (m)	микрофон	[mıkrofon]
auscultadores (m pl)	құлаққап	[qʊlaqqap]
controlo remoto (m)	пульт	[pulʲt]
CD (m)	CD, компакт-дискі	[si di], [kompakt dıski]
cassete (f)	кассета	[kasseta]
disco (m) de vinil	пластинка	[plastınka]

ATIVIDADES HUMANAS

Emprego. Negócios. Parte 1

69. Escritório. O trabalho no escritório

escritório (~ de advogados)	кеңсе	[qense]
escritório (do diretor, etc.)	кабинет	[kabınet]
receção (f)	ресепшн	[resepʃn]
secretário (m)	хатшы	[hatʃi]
diretor (m)	директор	[dırektor]
gerente (m)	менеджер	[menedʒer]
contabilista (m)	есепші	[esepʃi]
empregado (m)	қызметкер	[qizmetker]
mobiliário (m)	жиһаз	[ʒıhaz]
mesa (f)	үстел	[ʉstel]
cadeira (f)	кресло	[kreslo]
bloco (m) de gavetas	тумбочка	[tumbotʃka]
cabide (m) de pé	киім ілгіш	[kıim ilgiʃ]
computador (m)	компьютер	[kompʲuter]
impressora (f)	принтер	[prınter]
fax (m)	факс	[faks]
fotocopiadora (f)	көшіргі аппарат	[køʃirgi apparat]
papel (m)	қағаз	[qaɣaz]
artigos (m pl) de escritório	кеңсе жабдықтары	[keŋse ʒabdıqtari]
tapete (m) de rato	кілемше	[kilemʃæ]
folha (f) de papel	парақ	[paraq]
pasta (f)	папка	[papka]
catálogo (m)	каталог	[katalog]
diretório (f) telefónico	анықтағыш	[anıqtaɣiʃ]
documentação (f)	құжаттама	[quʒattama]
brochura (f)	брошюра	[broʃjura]
flyer (m)	үндеу	[ʉndeu]
amostra (f)	үлгі	[ʉlgi]
formação (f)	тренинг	[trenıng]
reunião (f)	кеңесу	[keŋesu]
hora (f) de almoço	түскі үзіліс	[tuski ʉzilis]
fazer uma cópia	көшірме жасау	[køʃirme ʒasau]
tirar cópias	көбейту	[købejtu]
receber um fax	факс қабылдау	[faks qabildau]
enviar um fax	факс жіберу	[faks ʒiberu]
fazer uma chamada	қоңырау шалу	[qoŋirau ʃalu]

| responder (vt) | жауап беру | [ʒawap beru] |
| passar (vt) | біріктіру | [biriktiru] |

marcar (vt)	белгілеу	[belgileu]
demonstrar (vt)	көрсету	[kørsetu]
estar ausente	болмау	[bolmau]
ausência (f)	келмей қалу	[kelmej qalu]

70. Processos negociais. Parte 1

ocupação (f)	іс	[is]
firma, empresa (f)	фирма	[fırma]
companhia (f)	компания	[kompanıja]
corporação (f)	корпорация	[korporatsıja]
empresa (f)	кәсіпорын	[kæsiporin]
agência (f)	агенттік	[agenttik]

acordo (documento)	келісім-шарт	[kelisim ʃart]
contrato (m)	шарт	[ʃart]
acordo (transação)	мәміле	[mæmile]
encomenda (f)	тапсырыс	[tapsiris]
cláusulas (f pl), termos (m pl)	шарт талабы	[ʃart talabi]

por grosso (adv)	көтерме сауда	[køterme sauda]
por grosso (adj)	көтерме	[køterme]
venda (f) por grosso	көтермете сату	[køtermete satu]
a retalho	бөлшек	[bølʃæk]
venda (f) a retalho	бөлшектеп сату	[bølʃæktep satu]

concorrente (m)	бәсекеші	[bæsekeʃi]
concorrência (f)	бәсеке	[bæseke]
competir (vi)	бақастасу	[baqastasu]

| sócio (m) | серіктес | [seriktes] |
| parceria (f) | серіктестік | [seriktestik] |

crise (f)	кризис	[krızıs]
bancarrota (f)	банкроттық	[bankrottiq]
entrar em falência	банкрот болу	[bankrot bolu]
dificuldade (f)	қиындық	[qıindiq]
problema (m)	мәселе	[mæsele]
catástrofe (f)	зілзала	[zilzala]

economia (f)	экономика	[ɛkonomıka]
económico	экономикалық	[ɛkonomıkaliq]
recessão (f) económica	экономикалық құлдырау	[ɛkonomıkaliq quldirau]

| objetivo (m) | мақсат | [maqsat] |
| tarefa (f) | мәселе | [mæsele] |

comerciar (vi, vt)	сауда жасау	[sauda ʒasau]
rede (de distribuição)	дистрибьюторлар жүйесі	[dıstrıbʲutorlar ʒujesi]
estoque (m)	қойма	[qojma]
sortimento (m)	ассортимент	[assortıment]

líder (m)	басшы	[basʃi]
grande (~ empresa)	ірі	[iri]
monopólio (m)	монополия	[monopolıja]

teoria (f)	теория	[teorıja]
prática (f)	тәжірибе	[tæʒirıbe]
experiência (falar por ~)	тәжірибе	[tæʒirıbe]
tendência (f)	тенденция	[tendentsıja]
desenvolvimento (m)	даму	[damu]

71. Processos negociais. Parte 2

rentabilidade (f)	пайда	[pajda]
rentável	пайдалы	[pajdalɨ]

delegação (f)	делегация	[delegatsıja]
salário, ordenado (m)	жалақы	[ʒalaqɨ]
corrigir (um erro)	дұрыстау	[duristau]
viagem (f) de negócios	іссапар	[issapar]
comissão (f)	комиссия	[komıssıja]

controlar (vt)	бақылау	[baqɨlau]
conferência (f)	конференция	[konferentsıja]
licença (f)	лицензия	[lıtsenzıja]
confiável	берік	[berik]

empreendimento (m)	бастама	[bastama]
norma (f)	норма	[norma]
circunstância (f)	жағдай	[ʒaɣdaj]
dever (m)	міндет	[mindet]

empresa (f)	ұйым	[ujɨm]
organização (f)	ұйымдастыру	[ujɨmdastiru]
organizado	ұйымдасқан	[ujɨmdasqan]
anulação (f)	күшін жою	[kyʃin ʒoju]
anular, cancelar (vt)	болдырмау	[boldɨrmau]
relatório (m)	есеп	[esep]

patente (f)	патент	[patent]
patentear (vt)	патенттеу	[patenteu]
planear (vt)	жоспарлау	[ʒosparlau]

prémio (m)	сыйақы	[sijaqɨ]
profissional	кәсіпқор	[kæsipqor]
procedimento (m)	процедура	[protsedura]

examinar (a questão)	қарау	[qarau]
cálculo (m)	есеп	[esep]
reputação (f)	бедел	[bedel]
risco (m)	тәуекел	[tæwekel]

dirigir (~ uma empresa)	басқару	[basqaru]
informação (f)	мәліметтер	[mælimetter]
propriedade (f)	меншік	[menʃik]

união (f)	одақ	[odaq]
seguro (m) de vida	өмірді сақтандыру	[ømirdi saqtandiru]
fazer um seguro	сақтандыру	[saqtandiru]
seguro (m)	сақтандыру	[saqtandiru]

leilão (m)	сауда-саттық	[sauda sattiq]
notificar (vt)	хабарлау	[habarlau]
gestão (f)	басқару	[basqaru]
serviço (indústria de ~s)	қызмет	[qizmet]

fórum (m)	форум	[forum]
funcionar (vi)	жұмыс істеу	[ʒumis isteu]
estágio (m)	кезең	[kezeŋ]
jurídico	заңды	[zaŋdi]
jurista (m)	заңгер	[zaŋger]

72. Produção. Trabalhos

usina (f)	зауыт	[zawɨt]
fábrica (f)	фабрика	[fabrɪka]
oficina (f)	цех	[tseh]
local (m) de produção	өндіріс	[øndiris]

indústria (f)	өнеркәсіп	[ønerkæsip]
industrial	өнеркәсіп	[ønerkæsip]
indústria (f) pesada	ауыр өнеркәсіп	[awir ønerkæsip]
indústria (f) ligeira	жеңіл өнеркәсіп	[ʒeŋil ønerkæsip]

produção (f)	өнім	[ønim]
produzir (vt)	өндіру	[øndiru]
matérias-primas (f pl)	шикізат	[ʃikizat]

chefe (m) de brigada	бригадир	[brɪgadɪr]
brigada (f)	бригада	[brɪgada]
operário (m)	жұмысшы	[ʒumisʃi]

dia (m) de trabalho	жұмыс күні	[ʒumis kuni]
pausa (f)	кідіріс	[kidiris]
reunião (f)	жиналыс	[ʒɪnalis]
discutir (vt)	талқылау	[talqɨlau]

plano (m)	жоспар	[ʒospar]
cumprir o plano	жоспарды орындау	[ʒospardi orindau]
taxa (f) de produção	мөлшер	[mølʃær]
qualidade (f)	сапа	[sapa]
controlo (m)	бақылау	[baqɨlau]
controlo (m) da qualidade	сапасын бақылау	[sapasin baqɨlau]

segurança (f) no trabalho	еңбек қауіпсіздігі	[eŋbeq qawipsizdigi]
disciplina (f)	тәртіп	[tærtip]
infração (f)	бұзылым	[buzilim]
violar (as regras)	бұзу	[buzu]
greve (f)	ереуіл	[erewil]
grevista (m)	ереуілші	[erewilʃi]

estar em greve	ереуілдеу	[erewildeu]
sindicato (m)	кәсіподақ	[kæsipodaq]
inventar (vt)	ойлап шығару	[ojlap ʃiɣaru]
invenção (f)	өнертабыс	[ønertabis]
pesquisa (f)	зерттеу	[zertteu]
melhorar (vt)	жақсарту	[ʒaqsartu]
tecnologia (f)	технология	[tehnologıja]
desenho (m) técnico	сызба	[sizba]
carga (f)	жүк	[ʒük]
carregador (m)	жүкші	[ʒükʃi]
carregar (vt)	жүктеу	[ʒükteu]
carregamento (m)	тиеу	[tıeu]
descarregar (vt)	жүкті түсіру	[ʒükti tüsiru]
descarga (f)	жүк түсіру	[ʒük tüsiru]
transporte (m)	көлік	[kølik]
companhia (f) de transporte	көлік компаниясы	[kølik kompanıjasi]
transportar (vt)	тасымалдау	[tasimaldau]
vagão (m) de carga	вагон	[vagon]
cisterna (f)	цистерна	[tsısterna]
camião (m)	жүк автомобилі	[ʒük avtomobıli]
máquina-ferramenta (f)	станок	[stanok]
mecanismo (m)	құрылым	[qurilim]
resíduos (m pl) industriais	өндіріс қалдықтары	[øndiris qaldiqtari]
embalagem (f)	орау	[orau]
embalar (vt)	орау	[orau]

73. Contrato. Acordo

contrato (m)	шарт	[ʃart]
acordo (m)	келісім	[kelisim]
adenda (f), anexo (m)	қосымша	[qosimʃa]
assinar o contrato	келісім жасау	[kelisim ʒasau]
assinatura (f)	қол таңба	[qol taŋba]
assinar (vt)	қол қою	[qol qoju]
carimbo (m)	мөр	[mør]
objeto (m) do contrato	келісім-шарттың тақырыбы	[kelisim ʃarttiŋ taqiribi]
cláusula (f)	пункт	[punkt]
partes (f pl)	жақтар	[ʒaqtar]
morada (f) jurídica	заңды мекенжай	[zaŋdi mekenʒaj]
violar o contrato	шартты бұзу	[ʃartti buzu]
obrigação (f)	міндеттеме	[mindetteme]
responsabilidade (f)	жауапкершілік	[ʒawapkerʃilik]
força (f) maior	форс-мажор	[fors maʒor]
litígio (m), disputa (f)	талас	[talas]
multas (f pl)	айыппұлдық ықпалшара	[ajippuldiq iqpalʃara]

74. Importação & Exportação

importação (f)	импорт	[ımport]
importador (m)	импортшы	[ımportʃi]
importar (vt)	импорттау	[ımporttau]
de importação	импорттық	[ımporttiq]

exportador (m)	экспортшы	[εksportʃi]
exportar (vt)	экспорттау	[εksporttau]

mercadoria (f)	тауар	[tawar]
lote (de mercadorias)	партия	[partıja]

peso (m)	салмақ	[salmaq]
volume (m)	көлем	[kølem]
metro (m) cúbico	текше метр	[tekʃæ metr]

produtor (m)	өндіруші	[øndiruʃi]
companhia (f) de transporte	көлік компаниясы	[kølik kompanıjasi]
contentor (m)	контейнер	[kontejner]

fronteira (f)	шекара	[ʃækara]
alfândega (f)	кеден	[keden]
taxa (f) alfandegária	кеден бажы	[keden baʒi]
funcionário (m) da alfândega	кеденші	[kedenʃi]
contrabando (atividade)	контрабанда	[kontrabanda]
contrabando (produtos)	жасырын тауар	[ʒasirin tawar]

75. Finanças

ação (f)	акция	[aktsıja]
obrigação (f)	облигация	[oblıgatsıja]
nota (f) promissória	вексель	[veksel^j]

bolsa (f)	биржа	[bırʒa]
cotação (m) das ações	акция курсы	[aktsıja kursi]

tornar-se mais barato	арзандау	[arzandau]
tornar-se mais caro	қымбаттау	[qimbattau]

parte (f)	үлес	[ʉles]
participação (f) maioritária	бақылау пакеті	[baqilau paketi]

investimento (m)	инвестициялар	[ınvestıtsıjalar]
investir (vt)	инвестициялау	[ınvestıtsıjalau]
percentagem (f)	пайыз	[pajiz]
juros (m pl)	пайыздар	[pajizdar]

lucro (m)	пайда	[pajda]
lucrativo	пайдалы	[pajdali]
imposto (m)	салық	[saliq]
divisa (f)	валюта	[valjuta]
nacional	ұлттық	[ʊlttiq]

câmbio (m)	айырбас	[ajirbas]
contabilista (m)	есепші	[esepʃi]
contabilidade (f)	есепшілік	[esepʃilik]

bancarrota (f)	банкроттық	[bankrottiq]
falência (f)	құлау	[qʊlau]
ruína (f)	ойсырау	[ojsi̇rau]
arruinar-se (vr)	жұтау	[ʒutau]
inflação (f)	инфляция	[ınfljatsıja]
desvalorização (f)	девальвация	[devalʲvatsıja]

capital (m)	капитал	[kapıtal]
rendimento (m)	табыс	[tabis]
volume (m) de negócios	айналым	[ajnalim]
recursos (m pl)	ресурстар	[resurstar]
recursos (m pl) financeiros	ақшалай қаражат	[aqʃalaj qaraʒat]

despesas (f pl) gerais	үстеме шығындар	[ʉsteme ʃi̇ɣindar]
reduzir (vt)	шығындарды азайту	[ʃi̇ɣindardi̇ azajtu]

76. Marketing

marketing (m)	маркетинг	[marketıng]
mercado (m)	нарық	[nariq]
segmento (m) do mercado	нарық сараланымы	[nariq saralani̇mi]
produto (m)	өнім	[ønim]
mercadoria (f)	тауар	[tawar]

marca (f) comercial	сауда маркасы	[sauda markasi]
logotipo (m)	фирмалық белгі	[fırmaliq belgi]
logo (m)	логотип	[logotıp]

demanda (f)	сұраныс	[suranis]
oferta (f)	ұсыным	[usinim]
necessidade (f)	керектік	[kerektik]
consumidor (m)	тұтынушы	[tʊtinʊʃi]

análise (f)	талдау	[taldau]
analisar (vt)	талдау жасау	[taldau ʒasau]
posicionamento (m)	ерекше ұсынылуы	[erekʃæ usinilui]
posicionar (vt)	ерекше ұсыну	[erekʃæ usi̇nu]

preço (m)	баға	[baɣa]
política (f) de preços	баға саясаты	[baɣa sajasati]
formação (f) de preços	бағаның құрылуы	[baɣaniŋ qurilui]

77. Publicidade

publicidade (f)	жарнама	[ʒarnama]
publicitar (vt)	жарнамалау	[ʒarnamalau]
orçamento (m)	бюджет	[bjudʒet]
anúncio (m) publicitário	жарнама	[ʒarnama]

publicidade (f) televisiva	тележарнама	[teleʒarnama]
publicidade (f) na rádio	радиодағы жарнама	[radıodaɣi ʒarnama]
publicidade (f) exterior	сыртқы жарнама	[sirtqi ʒarnama]

comunicação (f) de massa	бұқаралық ақпарат құралдары	[bʊqaraliq aqparat quraldari]
periódico (m)	мерзімді басылым	[merzimdi basilim]
imagem (f)	имидж	[ımıdʒ]

| slogan (m) | ұран | [ʊran] |
| mote (m), divisa (f) | ұран | [ʊran] |

campanha (f)	компания	[kompanıja]
companha (f) publicitária	жарнама компаниясы	[ʒarnama kompanıjasi]
grupo (m) alvo	мақсатты аудитория	[maqsatti audıtorıja]

cartão (m) de visita	визит карточкасы	[vızıt kartotʃkasi]
flyer (m)	үнпарақ	[ʉnparaq]
brochura (f)	брошюра	[broʃjura]
folheto (m)	буклет	[buklet]
boletim (~ informativo)	бюллетень	[bjulletenʲ]

letreiro (m)	маңдайша жазу	[maŋdajʃa ʒazu]
cartaz, póster (m)	плакат	[plakat]
painel (m) publicitário	жарнама қалқаны	[ʒarnama qalqani]

78. Banca

| banco (m) | банк | [bank] |
| sucursal, balcão (f) | бөлімше | [bølimʃæ] |

| consultor (m) | кеңесші | [keŋesʃi] |
| gerente (m) | басқарушы | [basqaruʃi] |

conta (f)	шот	[ʃot]
número (m) da conta	шот нөмірі	[ʃot nømiri]
conta (f) corrente	ағымдағы есепшот	[aɣimdaɣi esepʃot]
conta (f) poupança	жинақтаушы шот	[ʒınaqtauʃi ʃot]

abrir uma conta	шот ашу	[ʃot aʃu]
fechar uma conta	шот жабу	[ʃot ʒabu]
depositar na conta	шотқа салу	[ʃotqa salu]
levantar (vt)	шоттан алу	[ʃottan alu]

depósito (m)	салым	[salim]
fazer um depósito	салым жасау	[salim ʒasau]
transferência (f) bancária	аударылым	[audarilim]
transferir (vt)	аударылым жасау	[audarilim ʒasau]

| soma (f) | сома | [soma] |
| Quanto? | Қанша? | [qanʃa] |

| assinatura (f) | қол таңба | [qol taŋba] |
| assinar (vt) | қол қою | [qol qoju] |

cartão (m) de crédito	кредиттік карта	[kredıttik karta]
código (m)	код	[kod]
número (m) do cartão de crédito	кредиттік картаның нөмірі	[kredıttik kartanıŋ nømiri]
Caixa Multibanco (m)	банкомат	[bankomat]
cheque (m)	чек	[tʃek]
passar um cheque	чек жазу	[tʃek ʒazu]
livro (m) de cheques	чек кітапшасы	[tʃek kitapʃasi]
empréstimo (m)	несие	[nesıe]
pedir um empréstimo	несие жайында өтінішпен бару	[nesıe ʒajinda øtiniʃpen baru]
obter um empréstimo	несие алу	[nesıe alu]
conceder um empréstimo	несие беру	[nesıe beru]
garantia (f)	кепілдеме	[kepildeme]

79. Telefone. Conversação telefónica

telefone (m)	телефон	[telefon]
telemóvel (m)	ұялы телефон	[ujalı telefon]
secretária (f) electrónica	автожауапшы	[avtoʒawapʃi]
fazer uma chamada	қоңырау шалу	[qoŋırau ʃalu]
chamada (f)	қоңырау	[qoŋırau]
marcar um número	нөмірді теру	[nømirdi teru]
Alô!	Алло!	[allo]
perguntar (vt)	сұрау	[sʊrau]
responder (vt)	жауап беру	[ʒawap beru]
ouvir (vt)	есту	[estu]
bem	жақсы	[ʒaqsi]
mal	жаман	[ʒaman]
ruído (m)	бөгеттер	[bøgetter]
auscultador (m)	трубка	[trubka]
pegar o telefone	трубканы алу	[trubkanı alu]
desligar (vi)	трубканы салу	[trubkanı salu]
ocupado	бос емес	[bos emes]
tocar (vi)	шылдырлау	[ʃıldırlau]
lista (f) telefónica	телефон кітабы	[telefon kitabı]
local	жергілікті	[ʒergilikti]
de longa distância	қалааралық	[qalaaralıq]
internacional	халықаралық	[halıqaralıq]

80. Telefone móvel

telemóvel (m)	ұялы телефон	[ujalı telefon]
ecrã (m)	дисплей	[dısplej]

botão (m)	түйме	[tujme]
cartão SIM (m)	SIM-карта	[sim karta]
bateria (f)	батарея	[batareja]
descarregar-se	тогынан айырылу	[toginan ajirilu]
carregador (m)	зарядттау құрылғысы	[zarjadttau qurilɣisi]
menu (m)	меню	[menju]
definições (f pl)	қалпына келтіру	[qalpina keltiru]
melodia (f)	әуен	[æwen]
escolher (vt)	таңдау	[taŋdau]
calculadora (f)	калькулятор	[kalʲkuljator]
correio (m) de voz	автожауапшы	[avtoʒawapʃi]
despertador (m)	оятар	[ojatar]
contatos (m pl)	телефон кітабы	[telefon kitabɨ]
mensagem (f) de texto	SMS-хабарлама	[ɛsɛmɛs habarlama]
assinante (m)	абонент	[abonent]

81. Estacionário

caneta (f)	автоқалам	[avtoqalam]
caneta (f) tinteiro	қаламұш	[qalamuʃ]
lápis (m)	қарындаш	[qarɨndaʃ]
marcador (m)	маркер	[marker]
caneta (f) de feltro	фломастер	[flomaster]
bloco (m) de notas	блокнот	[bloknot]
agenda (f)	күнделік	[kundelik]
régua (f)	сызғыш	[sizɣiʃ]
calculadora (f)	калькулятор	[kalʲkuljator]
borracha (f)	өшіргіш	[øʃirgiʃ]
pionés (m)	жапсырма шеге	[ʒapsirma ʃæge]
clipe (m)	қыстырғыш	[qɨstɨrɣiʃ]
cola (f)	желім	[ʒɛlim]
agrafador (m)	степлер	[stepler]
furador (m)	тескіш	[teskiʃ]
afia-lápis (m)	қайрағыш	[qajraɣɨʃ]

82. Tipos de negócios

serviços (m pl) de contabilidade	есепшілік қызметтер	[esepʃilik qɨzmetter]
publicidade (f)	жарнама	[ʒarnama]
agência (f) de publicidade	жарнама агенттігі	[ʒarnama agenttigi]
ar (m) condicionado	кондиционерлер	[kondɨtsɨonerler]
companhia (f) aérea	авиакомпания	[avɪakompanɪja]
bebidas (f pl) alcoólicas	спиртті ішімдіктер	[spɪrtti iʃimdikter]

comércio (m) de antiguidades	антиквариат	[antıkvarıat]
galeria (f) de arte	галерея	[galereja]
serviços (m pl) de auditoria	аудиторлық қызметтер	[audıtorliq qizmetter]
negócios (m pl) bancários	банк бизнесі	[bank bıznesi]
bar (m)	бар	[bar]
salão (m) de beleza	сән салоны	[sæn saloni]
livraria (f)	кітап дүкені	[kitap dükeni]
cervejaria (f)	сыра қайнататын орын	[sira qajnatatin orin]
centro (m) de escritórios	бизнес орталық	[bıznes ortaliq]
escola (f) de negócios	бизнес-мектеп	[bıznes mektep]
casino (m)	казино	[kazıno]
construção (f)	құрылыс	[qurilis]
serviços (m pl) de consultoria	консалтинг	[konsaltıng]
estomatologia (f)	стоматология	[stomatologıja]
design (m)	дизайн	[dızajn]
farmácia (f)	дәріхана	[dærihana]
lavandaria (f)	химиялық тазалау	[hımıjaliq tazalau]
agência (f) de emprego	кадрлық агенттігі	[kadrliq agenttigi]
serviços (m pl) financeiros	қаржалық қызметтер	[qarʒaliq qizmetter]
alimentos (m pl)	азық-түлік	[aziq tülik]
agência (f) funerária	жерлеу бюросы	[ʒerleu bjurosi]
mobiliário (m)	жиһаз	[ʒıhaz]
roupa (f)	киім	[kıim]
hotel (m)	қонақ үй	[qonaq üj]
gelado (m)	балмұздақ	[balmuzdaq]
indústria (f)	өнеркәсіп	[ønerkæsip]
seguro (m)	сақтандыру	[saqtandiru]
internet (f)	интернет	[ınternet]
investimento (m)	инвестициялар	[ınvestıtsıjalar]
joalheiro (m)	зергер	[zerger]
joias (f pl)	зергерлік бұйымдар	[zergerlik bujimdar]
lavandaria (f)	кір жуатын орын	[kir ʒuatin orin]
serviços (m pl) jurídicos	заңгерлік қызметтер	[zaŋgerlik qizmetter]
indústria (f) ligeira	жеңіл өнеркәсіп	[ʒeŋil ønerkæsip]
revista (f)	журнал	[ʒurnal]
vendas (f pl) por catálogo	каталог бойынша сауда	[katalog bojinʃa sauda]
medicina (f)	медицина	[medıtsına]
cinema (m)	кинотеатр	[kınoteatr]
museu (m)	мұражай	[muraʒaj]
agência (f) de notícias	ақпарат агенттігі	[aqparat agenttigi]
jornal (m)	газет	[gazet]
clube (m) noturno	түнгі клуб	[tüngi klub]
petróleo (m)	мұнай	[munaj]
serviço (m) de encomendas	курьерлік қызмет	[kurʼerlik qizmet]
indústria (f) farmacêutica	фармацевтика	[farmatsevtıka]
poligrafia (f)	полиграфия	[polıgrafıja]
editora (f)	баспа	[baspa]

rádio (m)	радио	[radıo]
imobiliário (m)	жылжымайтын мүлік	[ʒilʒimajtin mʉlik]
restaurante (m)	мейрамхана	[mejramhana]
empresa (f) de segurança	қорғау агенттігі	[qorɣau agenttigi]
desporto (m)	спорт	[sport]
bolsa (f)	биржа	[bırʒa]
loja (f)	дүкен	[dʉken]
supermercado (m)	супермаркет	[supermarket]
piscina (f)	бассейн	[bassejn]
alfaiataria (f)	ательe	[atelʲe]
televisão (f)	теледидар	[teledıdar]
teatro (m)	театр	[teatr]
comércio (atividade)	сауда	[sauda]
serviços (m pl) de transporte	тасымалдау	[tasimaldau]
viagens (f pl)	туризм	[turızm]
veterinário (m)	ветеринар	[veterınar]
armazém (m)	қойма	[qojma]
recolha (f) do lixo	қоқыстың тасып шығарылымы	[qoqistiŋ tasip ʃiɣarilimi]

Emprego. Negócios. Parte 2

83. Espetáculo. Feira

feira (f)	көрме	[kørme]
feira (f) comercial	сауда көрмесы	[sauda kørmesi]
participação (f)	қатысу	[qatisu]
participar (vi)	қатысу	[qatisu]
participante (m)	қатысушы	[qatisuʃi]
diretor (m)	директор	[dırektor]
direção (f)	дирекция	[dırektsija]
organizador (m)	ұйымдастырушы	[ujimdastiruʃi]
organizar (vt)	ұйымдастыру	[ujimdastiru]
ficha (f) de inscrição	қатысуға сұраным	[qatisuɣa suranim]
preencher (vt)	толтыру	[toltiru]
detalhes (m pl)	детальдары	[detalʲdari]
informação (f)	ақпарат	[aqparat]
preço (m)	баға	[baɣa]
incluindo	соның ішінде	[soniŋ iʃinde]
incluir (vt)	соның ішінде	[soniŋ iʃinde]
pagar (vt)	төлеу	[tøleu]
taxa (f) de inscrição	тіркеу жарнасы	[tirkeu ʒarnasi]
entrada (f)	кіру	[kiru]
pavilhão (m)	павильон	[pavılʲon]
inscrever (vt)	тіркеу	[tirkeu]
crachá (m)	бэдж	[bɛdʒ]
stand (m)	стенд	[stend]
reservar (vt)	кейінге сақтау	[kejinge saqtau]
vitrina (f)	көрме	[kørme]
foco, spot (m)	шырақ	[ʃiraq]
design (m)	дизайн	[dızajn]
pôr, colocar (vt)	орналастыру	[ornalastiru]
ser colocado, -a	орналастырылған	[ornalastirilɣan]
distribuidor (m)	дистрибьютор	[dıstrıbʲutor]
fornecedor (m)	өтемші	[øtemʃi]
fornecer (vt)	жеткізіп тұру	[ʒetkizip turu]
país (m)	ел	[el]
estrangeiro	шетелдік	[ʃæteldik]
produto (m)	өнім	[ønim]
associação (f)	ассоциация	[assotsıatsıja]
sala (f) de conferências	конференция залы	[konferentsıja zali]

| congresso (m) | конгресс | [kongress] |
| concurso (m) | конкурс | [konkurs] |

visitante (m)	келуші	[keluʃi]
visitar (vt)	келу	[kelu]
cliente (m)	тапсырушы	[tapsiruʃi]

84. Ciência. Investigação. Cientistas

ciência (f)	ғылым	[ɣilim]
científico	ғылыми	[ɣilimɯ]
cientista (m)	ғалым	[ɣalim]
teoria (f)	теория	[teorɯja]

axioma (m)	аксиома	[aksɯoma]
análise (f)	талдау	[taldau]
analisar (vt)	талдау жасау	[taldau ʒasau]
argumento (m)	дәлел	[dælel]
substância (f)	зат	[zat]

hipótese (f)	жорамал	[ʒoramal]
dilema (m)	дилемма	[dɯlemma]
tese (f)	диссертация	[dessertatsɯja]
dogma (m)	догма	[dogma]

doutrina (f)	доктрина	[doktrɯna]
pesquisa (f)	зерттеу	[zertteu]
pesquisar (vt)	зерттеуші	[zertteuʃi]
teste (m)	бақылау	[baqilau]
laboratório (m)	зертхана	[zerthana]

método (m)	әдіс	[ædis]
molécula (f)	молекула	[molekula]
monitoramento (m)	мониторинг	[monɯtorɯŋ]
descoberta (f)	ашылым	[aʃilim]

postulado (m)	жорамал	[ʒoramal]
princípio (m)	қағидат	[qaɣɯdat]
prognóstico (previsão)	болжау	[bolʒau]
prognosticar (vt)	болжау	[bolʒau]

síntese (f)	синтез	[sɯntez]
tendência (f)	тенденция	[tendentsɯja]
teorema (m)	теорема	[teorema]

ensinamentos (m pl)	ілім	[ilim]
facto (m)	дәлел	[dælel]
expedição (f)	экспедиция	[ɛkspedɯtsɯja]
experiência (f)	тәжірибе	[tæʒirɯbe]

académico (m)	академик	[akademɯk]
bacharel (m)	бакалавр	[bakalavr]
doutor (m)	доктор	[doktor]
docente (m)	доцент	[dotsent]

| mestre (m) | магистр | [magıstr] |
| professor (m) catedrático | профессор | [professor] |

Profissões e ocupações

85. Procura de emprego. Demissão

trabalho (m)	жұмыс	[ʒumis]
equipa (f)	штат	[ʃtat]
carreira (f)	мансап	[mansap]
perspetivas (f pl)	болашақ	[bolaʃaq]
mestria (f)	ұсталық	[ustaliq]
seleção (f)	іріктеу	[irikteu]
agência (f) de emprego	кадрлық агенттік	[kadrliq agenttik]
CV, currículo (m)	резюме	[rezjume]
entrevista (f) de emprego	əңгімелесу	[æŋgimelesu]
vaga (f)	бос қызмет	[bos qizmet]
salário (m)	жалақы	[ʒalaqi]
salário (m) fixo	айлық	[ajliq]
pagamento (m)	ақы төлеу	[aqi tøleu]
posto (m)	қызмет	[qizmet]
dever (do empregado)	міндет	[mindet]
gama (f) de deveres	міндеттер аясы	[mindetter ajasi]
ocupado	бос емес	[bos emes]
despedir, demitir (vt)	жұмыстан шығару	[ʒumistan ʃiɣaru]
demissão (f)	жұмыстан шығару	[ʒumistan ʃiɣaru]
desemprego (m)	жұмыссыздық	[ʒumissizdiq]
desempregado (m)	жұмыссыз	[ʒumissiz]
reforma (f)	зейнетақы	[zejnetaqi]
reformar-se	пенсияға шығу	[pensijaɣa ʃiɣu]

86. Gente de negócios

diretor (m)	директор	[dırektor]
gerente (m)	басқарушы	[basqaruʃi]
patrão, chefe (m)	басқарушы	[basqaruʃi]
superior (m)	бастық	[bastiq]
superiores (m pl)	басшылық	[basʃiliq]
presidente (m)	президент	[prezıdent]
presidente (m) de direção	төраға	[tøraɣa]
substituto (m)	орынбасар	[orinbasar]
assistente (m)	көмекші	[kømekʃi]
secretário (m)	хатшы	[hatʃi]

T&P Books. Vocabulário Português-Cazaque - 5000 palavras

secretário (m) pessoal	жеке хатшы	[ʒeke hatʃi]
homem (m) de negócios	бизнесмен	[bıznesmen]
empresário (m)	кәсіпкер	[kæsipker]
fundador (m)	негізін салушы	[negizin saluʃi]
fundar (vt)	орнату	[ornatu]
fundador, sócio (m)	құрылтайшы	[quriltajʃi]
parceiro, sócio (m)	серіктес	[seriktes]
acionista (m)	акционер	[aktsıoner]
milionário (m)	миллионер	[mıllıoner]
bilionário (m)	миллиардер	[mıllıarder]
proprietário (m)	ие	[ıe]
proprietário (m) de terras	жер иесі	[ʒer ıesi]
cliente (m)	клиент	[klıent]
cliente (m) habitual	тұрақты клиент	[turakti klıent]
comprador (m)	сатып алушы	[satip aluʃi]
visitante (m)	келуші	[keluʃi]
profissional (m)	кәсіпші	[kæsipʃi]
perito (m)	сарапшы	[sarapʃi]
especialista (m)	маман	[maman]
banqueiro (m)	банкир	[bankır]
corretor (m)	брокер	[broker]
caixa (m, f)	кассир	[kassır]
contabilista (m)	есепші	[esepʃi]
guarda (m)	күзетші	[kuzetʃi]
investidor (m)	инвестор	[ınvestor]
devedor (m)	қарыздар	[qarizdar]
credor (m)	несиегер	[nesıeger]
mutuário (m)	қарыз алушы	[qariz aluʃi]
importador (m)	импортшы	[ımportʃi]
exportador (m)	экспортшы	[ɛksportʃi]
produtor (m)	өндіруші	[øndiruʃi]
distribuidor (m)	дистрибьютор	[dıstrıbʲutor]
intermediário (m)	дәнекер	[dæneker]
consultor (m)	кеңесші	[keŋesʃi]
representante (m)	өкіл	[økil]
agente (m)	агент	[agent]
agente (m) de seguros	сақтандыру агенті	[saqtandiru agenti]

87. Profissões de serviços

cozinheiro (m)	аспазшы	[aspazʃi]
cozinheiro chefe (m)	бас аспазшы	[bas aspazʃi]
padeiro (m)	нан пісіруші	[nan pisiruʃi]
barman (m)	бармен	[barmen]

empregado (m) de mesa	даяшы	[dajaʃi]
empregada (f) de mesa	даяшы	[dajaʃi]
advogado (m)	адвокат	[advokat]
jurista (m)	заңгер	[zaŋger]
notário (m)	нотариус	[notarıus]
eletricista (m)	монтер	[montjor]
canalizador (m)	сантехник	[santehnık]
carpinteiro (m)	балташы	[baltaʃi]
massagista (m)	массаж жасаушы	[massaʒ ʒasauʃi]
massagista (f)	массаж жасаушы	[massaʒ ʒasauʃi]
médico (m)	дәрігер	[dæriger]
taxista (m)	таксист	[taksıst]
condutor (automobilista)	айдарман	[ajdarman]
entregador (m)	курьер	[kurʲer]
camareira (f)	қызметші әйел	[qizmetʃi æjel]
guarda (m)	күзетші	[kʉzetʃi]
hospedeira (f) de bordo	аспансерік	[aspanserik]
professor (m)	мұғалім	[mʊɣalim]
bibliotecário (m)	кітапханашы	[kitaphanaʃi]
tradutor (m)	тілмаш	[tilmaʃ]
intérprete (m)	тілмаш	[tilmaʃ]
guia (pessoa)	гид	[gıd]
cabeleireiro (m)	шаштаразшы	[ʃaʃtarazʃi]
carteiro (m)	пошташы	[poʃtaʃi]
vendedor (m)	сатушы	[satuʃi]
jardineiro (m)	бақшы	[baqʃi]
criado (m)	даяшы	[dajaʃi]
criada (f)	даяшы	[dajaʃi]
empregada (f) de limpeza	сыпырушы	[sipiruʃi]

88. Profissões militares e postos

soldado (m) raso	қатардағы	[qatardaɣi]
sargento (m)	сержант	[serʒant]
tenente (m)	лейтенант	[lejtenant]
capitão (m)	капитан	[kapıtan]
major (m)	майор	[major]
coronel (m)	полковник	[polkovnık]
general (m)	генерал	[general]
marechal (m)	маршал	[marʃal]
almirante (m)	адмирал	[admıral]
militar (m)	әскери адам	[æskerı adam]
soldado (m)	жауынгер	[ʒawinger]
oficial (m)	офицер	[ofıtser]

comandante (m)	командир	[komandır]
guarda (m) fronteiriço	шекарашы	[ʃækaraʃi]
operador (m) de rádio	радист	[radıst]
explorador (m)	барлаушы	[barlauʃi]
sapador (m)	сапер	[sapør]
atirador (m)	атқыш	[atqiʃ]
navegador (m)	штурман	[ʃturman]

89. Oficiais. Padres

rei (m)	король	[korolʲ]
rainha (f)	королева	[koroleva]
príncipe (m)	ханзада	[hanzada]
princesa (f)	ханша	[hanʃa]
czar (m)	патша	[patʃa]
czarina (f)	патшайым	[patʃajɨm]
presidente (m)	президент	[prezıdent]
ministro (m)	министр	[mınıstr]
primeiro-ministro (m)	премьер-министр	[premʲer mınıstr]
senador (m)	сенатор	[senator]
diplomata (m)	дипломат	[dıplomat]
cônsul (m)	консул	[konsul]
embaixador (m)	елші	[elʃi]
conselheiro (m)	кеңесші	[keŋesʃi]
funcionário (m)	төре	[tøre]
prefeito (m)	префект	[prefekt]
Presidente (m) da Câmara	мэр	[mɛr]
juiz (m)	төреші	[tøreʃi]
procurador (m)	прокурор	[prokuror]
missionário (m)	миссионер	[mıssıoner]
monge (m)	монах	[monah]
abade (m)	уағыздаушы	[waɣizdauʃi]
rabino (m)	раввин	[ravın]
vizir (m)	уәзір	[wæzir]
xá (m)	шах	[ʃah]
xeque (m)	шайқы	[ʃajqɨ]

90. Profissões agrícolas

apicultor (m)	ара өсіруші	[ara øsiruʃi]
pastor (m)	бақташы	[baqtaʃi]
agrónomo (m)	агроном	[agronom]
criador (m) de gado	мал өсіруші	[mal øsiruʃi]
veterinário (m)	ветеринар	[veterınar]

agricultor (m)	ферма иесі	[ferma ɪesi]
vinicultor (m)	шарапшы	[ʃarapʃi]
zoólogo (m)	зоолог	[zoolog]
cowboy (m)	ковбой	[kovboj]

91. Profissões artísticas

ator (m)	актер	[aktør]
atriz (f)	актриса	[aktrɪsa]
cantor (m)	әнші	[ænʃi]
cantora (f)	әнші	[ænʃi]
bailarino (m)	биші	[bɪʃi]
bailarina (f)	биші	[bɪʃi]
artista (m)	әртіс	[ærtis]
artista (f)	әртіс	[ærtis]
músico (m)	сырнайшы	[sirnajʃi]
pianista (m)	пианист	[pɪanɪst]
guitarrista (m)	гитаршы	[gɪtarʃi]
maestro (m)	дирижер	[dɪrɪʒor]
compositor (m)	сазгер	[sazger]
empresário (m)	импресарио	[ɪmpresarɪo]
realizador (m)	режиссер	[reʒɪssør]
produtor (m)	продюсер	[prodjuser]
argumentista (m)	сценарист	[stsænarɪst]
crítico (m)	сынағыш	[sinaɣiʃ]
escritor (m)	жазушы	[ʒazuʃi]
poeta (m)	ақын	[aqin]
escultor (m)	мүсінші	[mʉsinʃi]
pintor (m)	суретші	[suretʃi]
malabarista (m)	жонглер	[ʒonglør]
palhaço (m)	клоун	[kloun]
acrobata (m)	акробат	[akrobat]
mágico (m)	сиқыршы	[sɪqirʃi]

92. Várias profissões

médico (m)	дәрігер	[dæriger]
enfermeira (f)	медбике	[medbɪke]
psiquiatra (m)	психиатр	[psɪhɪatr]
estomatologista (m)	стоматолог	[stomatolog]
cirurgião (m)	хирург	[hɪrurg]
astronauta (m)	астронавт	[astronavt]
astrónomo (m)	астроном	[astronom]

motorista (m)	жүргізуші	[ʒurgizuʃi]
maquinista (m)	машинист	[maʃınıst]
mecânico (m)	механик	[mehanık]
mineiro (m)	көмірші	[kømirʃi]
operário (m)	жұмысшы	[ʒumisʃi]
serralheiro (m)	слесарь	[slesarʲ]
marceneiro (m)	ағаш шебері	[aɣaʃ ʃæberi]
torneiro (m)	қырнаушы	[qirnauʃi]
construtor (m)	құрылысшы	[qurilisʃi]
soldador (m)	дәнекерлеуші	[dænekerleuʃi]
professor (m) catedrático	профессор	[professor]
arquiteto (m)	сәулетші	[sæuletʃi]
historiador (m)	тарихшы	[tarıhʃi]
cientista (m)	ғалым	[ɣalim]
físico (m)	физик	[fızık]
químico (m)	химик	[hımık]
arqueólogo (m)	археолог	[arheolog]
geólogo (m)	геолог	[geolog]
pesquisador (cientista)	зерттеуші	[zertteuʃi]
babysitter (f)	бала бағушы	[bala baɣuʃi]
professor (m)	мұғалім	[muɣalim]
redator (m)	редактор	[redaktor]
redator-chefe (m)	бас редактор	[bas redaktor]
correspondente (m)	тілші	[tilʃi]
datilógrafa (f)	машинист	[maʃınıst]
designer (m)	дизайнер	[dızajner]
especialista (m) em informática	компьютерші	[kompʲuterʃi]
programador (m)	бағдарламаушы	[baɣdarlamauʃi]
engenheiro (m)	инженер	[ınʒener]
marujo (m)	кемеші	[kemeʃi]
marinheiro (m)	кемеші	[kemeʃi]
salvador (m)	құтқарушы	[qutqaruʃi]
bombeiro (m)	өрт сөндіруші	[ørt søndiruʃi]
polícia (m)	полицей	[polıtsej]
guarda-noturno (m)	күзетші	[kuzetʃi]
detetive (m)	ізші	[izʃi]
funcionário (m) da alfândega	кеденші	[kedenʃi]
guarda-costas (m)	сақшы	[saqʃi]
guarda (m) prisional	қадағалаушы	[qadaɣalauʃi]
inspetor (m)	инспектор	[ınspektor]
desportista (m)	спортшы	[sportʃi]
treinador (m)	жаттықтырушы	[ʒattiqtiruʃi]
talhante (m)	етші	[etʃi]
sapateiro (m)	аяқ киім жамаушы	[ajaq kıim ʒamauʃi]
comerciante (m)	саудагер	[sæudager]

carregador (m)	жүк тиеуші	[ʒük tieuʃi]
estilista (m)	модель	[modelʲ]
modelo (f)	үлгіші	[ʉlgiʃi]

93. Ocupações. Estatuto social

aluno, escolar (m)	оқушы	[oquʃi]
estudante (~ universitária)	студент	[student]
filósofo (m)	философ	[fılosof]
economista (m)	экономист	[ɛkonomıst]
inventor (m)	өнертапқыш	[ønertapqiʃ]
desempregado (m)	жұмыссыз	[ʒumissiz]
reformado (m)	зейнеткер	[zejnetker]
espião (m)	тыңшы	[tiŋʃi]
preso (m)	қамалған	[qamalɣan]
grevista (m)	ереуілші	[erewilʃi]
burocrata (m)	кеңсешіл	[keŋseʃil]
viajante (m)	саяхатшы	[sajahatʃi]
homossexual (m)	гомосексуалист	[gomoseksualıst]
hacker (m)	хакер	[haker]
hippie	хиппи	[hıppı]
bandido (m)	қарақшы	[qaraqʃi]
assassino (m) a soldo	жалдамалы өлтіруші	[ʒaldamalï øltiruʃi]
toxicodependente (m)	нашақор	[naʃaqor]
traficante (m)	есірткі сатушы	[esirtki satuʃi]
prostituta (f)	жезөкше	[ʒezøkʃæ]
chulo (m)	сутенер	[sutenør]
bruxo (m)	дуагер	[duager]
bruxa (f)	көз байлаушы	[køz bajlauʃi]
pirata (m)	теңіз қарақшысы	[teŋiz qaraqʃisï]
escravo (m)	құл	[qul]
samurai (m)	самурай	[samuraj]
selvagem (m)	жабайы адам	[ʒabajï adam]

Educação

94. Escola

escola (f)	мектеп	[mektep]
diretor (m) de escola	мектеп директоры	[mektep dırektori]
aluno (m)	оқушы	[oquʃi]
aluna (f)	оқушы	[oquʃi]
escolar (m)	мектеп оқушысы	[mektep oquʃisi]
escolar (f)	мектеп оқушысы	[mektep oquʃisi]
ensinar (vt)	оқыту	[oqɨtu]
aprender (vt)	оқу	[oqu]
aprender de cor	жаттап алу	[ʒattap alu]
estudar (vi)	үйрену	[ɥjrenu]
andar na escola	оқу	[oqu]
ir à escola	мектепке бару	[mektepke baru]
alfabeto (m)	алфавит	[alfavıt]
disciplina (f)	пән	[pæn]
sala (f) de aula	сынып	[sinip]
lição (f)	сабақ	[sabaq]
recreio (m)	үзіліс	[ɥzilis]
toque (m)	қоңырау	[qoŋɨrau]
carteira (f)	парта	[parta]
quadro (m) negro	тақта	[taqta]
nota (f)	баға	[baɣa]
boa nota (f)	жақсы баға	[ʒaksi baɣa]
nota (f) baixa	жаман баға	[ʒaman baɣa]
dar uma nota	баға қою	[baɣa qoju]
erro (m)	қате	[qate]
fazer erros	қате жасау	[qate ʒasau]
corrigir (vt)	дұрыстау	[duristau]
cábula (f)	шпаргалка	[ʃpargalka]
dever (m) de casa	үй тапсырмасы	[ɥj tapsirmasi]
exercício (m)	жаттығу	[ʒattiɣu]
estar presente	қатысу	[qatisu]
estar ausente	келмеу	[kelmeu]
faltar às aulas	сабаққа бармау	[sabaqqa barmau]
punir (vt)	жазалау	[ʒazalau]
punição (f)	жазалау	[ʒazalau]
comportamento (m)	мінез-құлық	[minez quliq]

boletim (m) escolar	күнделік	[kundelik]
lápis (m)	қарындаш	[qarindaʃ]
borracha (f)	өшіргіш	[øʃirgiʃ]
giz (m)	бор	[bor]
estojo (m)	қаламсауыт	[qalamsawit]
pasta (f) escolar	портфель	[portfelʲ]
caneta (f)	қалам	[qalam]
caderno (m)	дәптер	[dæpter]
manual (m) escolar	оқулық	[oquliq]
compasso (m)	циркуль	[tsırkulʲ]
traçar (vt)	сызу	[sizu]
desenho (m) técnico	сызба	[sizba]
poesia (f)	өлең	[øleŋ]
de cor	жатқа	[ʒatqa]
aprender de cor	жаттап алу	[ʒattap alu]
férias (f pl)	демалыс	[demalis]
estar de férias	каникулда болу	[kanıkulda bolu]
passar as férias	каникулды өткізу	[kanıkuldi øtkizu]
teste (m)	бақылау жұмысы	[baqilau ʒumisi]
composição, redação (f)	шығарма	[ʃiɣarma]
ditado (m)	жат жазу	[ʒat ʒazu]
exame (m)	емтихан	[emtıhan]
fazer exame	емтихан тапсыру	[emtıhan tapsiru]
experiência (~ química)	тәжірибе	[tæʒiribe]

95. Colégio. Universidade

academia (f)	академия	[akademıja]
universidade (f)	университет	[unıversıtet]
faculdade (f)	факультет	[fakulʲtet]
estudante (m)	студент	[student]
estudante (f)	студент	[student]
professor (m)	оқытушы	[oqituʃi]
sala (f) de palestras	дәрісхана	[dærishana]
graduado (m)	бітіруші	[bitiruʃi]
diploma (m)	диплом	[dıplom]
tese (f)	диссертация	[dıssertatsıja]
estudo (obra)	зерттеу	[zertteu]
laboratório (m)	зертхана	[zerthana]
palestra (f)	дәріс	[dæris]
colega (m) de curso	курстас	[kurstas]
bolsa (f) de estudos	оқуақы	[oquaqi]
grau (m) académico	ғылыми дәреже	[ɣilimı dæreʒe]

96. Ciências. Disciplinas

matemática (f)	математика	[matematıka]
álgebra (f)	алгебра	[algebra]
geometria (f)	геометрия	[geometrıja]
astronomia (f)	астрономия	[astronomıja]
biologia (f)	биология	[bıologıja]
geografia (f)	география	[geografıja]
geologia (f)	геология	[geologıja]
história (f)	тарих	[tarıh]
medicina (f)	медицина	[medıtsına]
pedagogia (f)	педагогика	[pedagogıka]
direito (m)	құқық	[quqiq]
física (f)	физика	[fızıka]
química (f)	химия	[hımıja]
filosofia (f)	даналықтану	[danaliqtanu]
psicologia (f)	психология	[psıhologıja]

97. Sistema de escrita. Ortografia

gramática (f)	грамматика	[grammatıka]
vocabulário (m)	лексика	[leksıka]
fonética (f)	фонетика	[fonetıka]
substantivo (m)	зат есім	[zat esim]
adjetivo (m)	сын есім	[sin esim]
verbo (m)	етістік	[etistik]
advérbio (m)	үстеу	[ʉsteu]
pronome (m)	есімдік	[esimdik]
interjeição (f)	одағай	[odaɣaj]
preposição (f)	сылтау	[siltau]
raiz (f) da palavra	сөз түбірі	[søz tʉbiri]
terminação (f)	жалғау	[ʒalɣau]
prefixo (m)	тіркеу	[tirkeu]
sílaba (f)	буын	[buin]
sufixo (m)	жұрнақ	[ʒʊrnaq]
acento (m)	екпін	[ekpin]
apóstrofo (m)	дәйекше	[dæjekʃe]
ponto (m)	нүкте	[nʉkte]
vírgula (f)	үтір	[ʉtir]
ponto e vírgula (m)	нүктелі үтір	[nʉkteli ʉtir]
dois pontos (m pl)	қос нүкте	[qos nʉkte]
reticências (f pl)	көп нүкте	[køp nʉkte]
ponto (m) de interrogação	сұрау белгісі	[sʊrau belgisi]
ponto (m) de exclamação	леп белгісі	[lep belgisi]

aspas (f pl)	тырнақша	[tirnaqʃa]
entre aspas	тырнақша ішінде	[tirnaqʃa iʃinde]
parênteses (m pl)	жақша	[ʒaqʃa]
entre parênteses	жақша ішінде	[ʒaqʃa iʃinde]
hífen (m)	сызықша	[siziqʃa]
travessão (m)	сызықша	[siziqʃa]
espaço (m)	бос жер	[bos ʒer]
letra (f)	әріп	[ærip]
letra (f) maiúscula	үлкен әріп	[ʉlken ærip]
vogal (f)	дауысты дыбыс	[dawisti dibis]
consoante (f)	дауыссыз дыбыс	[dawissiz dibis]
frase (f)	сөйлем	[søjlem]
sujeito (m)	бастауыш	[bastawiʃ]
predicado (m)	баяндауыш	[bajandawiʃ]
linha (f)	жол	[ʒol]
em uma nova linha	жаңа жолдан	[ʒaŋa ʒoldan]
parágrafo (m)	азатжол	[azatʒol]
palavra (f)	сөз	[søz]
grupo (m) de palavras	сөз тіркесі	[søz tirkesi]
expressão (f)	сөйлемше	[søjlemʃæ]
sinónimo (m)	синоним	[sınonım]
antónimo (m)	антоним	[antonım]
regra (f)	ереже	[ereʒe]
exceção (f)	ерекшелік	[erekʃælik]
correto	дұрыс	[dʊris]
conjugação (f)	жіктеу	[ʒikteu]
declinação (f)	септеу	[septeu]
caso (m)	септік	[septik]
pergunta (f)	сұрақ	[sʊraq]
sublinhar (vt)	астың сызып қою	[astıŋ sizip qoju]
linha (f) pontilhada	нүкте сызық	[nʉkte siziq]

98. Línguas estrangeiras

língua (f)	тіл	[til]
estrangeiro	шетелдік	[ʃæteldik]
língua (f) estrangeira	зерттеу	[zertteu]
estudar (vt)	үйрену	[ʉjrenu]
ler (vt)	оқу	[oqu]
falar (vi)	сөйлеу	[søjleu]
compreender (vt)	түсіну	[tʉsinu]
escrever (vt)	жазу	[ʒazu]
rapidamente	тез	[tez]
devagar	баяу	[bajau]

fluentemente	еркін	[erkin]
regras (f pl)	ережелер	[ereʒeler]
gramática (f)	грамматика	[grammatıka]
vocabulário (m)	лексика	[leksıka]
fonética (f)	фонетика	[fonetıka]
manual (m) escolar	окулық	[okuliq]
dicionário (m)	сөздік	[søzdik]
manual (m) de autoaprendizagem	өздігінен үйреткіш	[øzdiginen üjretkiʃ]
guia (m) de conversação	тілашар	[tilaʃar]
cassete (f)	кассета	[kasseta]
vídeo cassete (m)	бейнетаспа	[bejnetaspa]
CD (m)	CD, компакт-діскі	[si di], [kompakt dıski]
DVD (m)	DVD	[dividi]
alfabeto (m)	алфавит	[alfavıt]
soletrar (vt)	әріптер бойынша айту	[æripter bojinʃa ajtu]
pronúncia (f)	айтылыс	[ajtilis]
sotaque (m)	акцент	[aktsent]
com sotaque	акцентпен	[aktsentpen]
sem sotaque	акцентсіз	[aktsentsiz]
palavra (f)	сөз	[søz]
sentido (m)	мағына	[mayina]
cursos (m pl)	курстар	[kurstar]
inscrever-se (vr)	жазылу	[ʒazɨlu]
professor (m)	оқытушы	[oqituʃi]
tradução (processo)	аудару	[audaru]
tradução (texto)	аударма	[audarma]
tradutor (m)	аударушы	[audaruʃi]
intérprete (m)	аударушы	[audaruʃi]
poliglota (m)	көп тіл білгіш	[køp til bilgiʃ]
memória (f)	ес	[es]

Descanso. Entretenimento. Viagens

99. Viagens

turismo (m)	туризм	[turızm]
turista (m)	турист	[turıst]
viagem (f)	саяхат	[sajahat]
aventura (f)	оқиға	[oqıɣa]
viagem (f)	сапар	[sapar]

férias (f pl)	демалыс	[demalis]
estar de férias	демалыста болу	[demalista bolu]
descanso (m)	демалу	[demalu]

comboio (m)	пойыз	[pojiz]
de comboio (chegar ~)	пойызбен	[pojizben]
avião (m)	ұшақ	[uʃaq]
de avião	ұшақпен	[uʃaqpen]
de carro	автомобильде	[avtomobilʲde]
de navio	кемеде	[kemede]

bagagem (f)	жолжүк	[ʒolʒɯk]
mala (f)	шабадан	[ʃabadan]
carrinho (m)	жүкке арналған арбаша	[ʒɯkke arnalɣan arbaʃa]

passaporte (m)	паспорт	[pasport]
visto (m)	виза	[vıza]
bilhete (m)	билет	[bılet]
bilhete (m) de avião	авиабилет	[avıabılet]

guia (m) de viagem	жол көрсеткіш	[ʒol kørsetkiʃ]
mapa (m)	карта	[karta]
local (m), area (f)	атырап	[atirap]
lugar, sítio (m)	мекен	[meken]

exotismo (m)	экзотика	[ɛkzotıka]
exótico	экзотикалық	[ɛkzotıkaliq]
surpreendente	таңғажайып	[taŋɣaʒajip]

grupo (m)	группа	[gruppa]
excursão (f)	экскурсия	[ɛkskursıja]
guia (m)	экскурсия жетекшісі	[ɛkskursıja ʒetekʃisi]

100. Hotel

hotel (m)	қонақ үй	[qonaq ʉj]
motel (m)	мотель	[motɛlʲ]
três estrelas	үш жұлдыз	[ʉʃ ʒuldiz]

cinco estrelas	бес жұлдыз	[bes ʒuldɨz]
ficar (~ num hotel)	тоқтау	[toqtau]
quarto (m)	нөмір	[nømir]
quarto (m) individual	бір адамдық нөмір	[bir adamdɨq nømir]
quarto (m) duplo	екі адамдық нөмір	[eki adamdɨq nømir]
reservar um quarto	нөмірді броньдау	[nømirdi bronʲdau]
meia pensão (f)	жартылай пансион	[ʒartɨlaj pansɪon]
pensão (f) completa	толық пансион	[tolɨq pansɪon]
com banheira	ваннамен	[vanamen]
com duche	душпен	[duʃpen]
televisão (m) satélite	спутник теледидары	[sputnɪk teledɪdari]
ar (m) condicionado	кондиционер	[kondɪtsɪoner]
toalha (f)	орамал	[oramal]
chave (f)	кілт	[kilt]
administrador (m)	әкімші	[ækimʃi]
camareira (f)	қызметші әйел	[qɪzmetʃi æjel]
bagageiro (m)	жүкші	[ʒʉkʃi]
porteiro (m)	портье	[portʲe]
restaurante (m)	мейрамхана	[mejramhana]
bar (m)	бар	[bar]
pequeno-almoço (m)	ертеңгілік тамақ	[erteŋgilik tamaq]
jantar (m)	кешкі тамақ	[keʃki tamaq]
buffet (m)	шведтік үстел	[ʃvedtiq ʉstel]
hall (m) de entrada	вестибюль	[vestɪbjulʲ]
elevador (m)	жеделсаты	[ʒedelsati]
NÃO PERTURBE	МАЗАЛАМАУ	[mazalamau]
PROIBIDO FUMAR!	ТЕМЕКІ ТАРТПАУ	[temeki tartpau]

EQUIPAMENTO TÉCNICO. TRANSPORTES

Equipamento técnico. Transportes

101. Computador

computador (m)	компьютер	[kompʲuter]
portátil (m)	ноутбук	[noutbuk]
ligar (vt)	қосу	[qosu]
desligar (vt)	сөндіру	[søndiru]
teclado (m)	клавиатура	[klavıatura]
tecla (f)	клавиш	[klavıʃ]
rato (m)	тышқан	[tiʃqan]
tapete (m) de rato	кілемше	[kilemʃæ]
botão (m)	түйме	[tɥjme]
cursor (m)	курсор	[kursor]
monitor (m)	монитор	[monıtor]
ecrã (m)	экран	[ɛkran]
disco (m) rígido	катты диск	[kattɨ dɨsk]
capacidade (f) do disco rígido	катты дискінің көлемі	[kattɨ dɨskiniŋ kølemi]
memória (f)	зерде	[zerde]
memória RAM (f)	оперативтік зерде	[operatıvtik zerde]
ficheiro (m)	файл	[fajl]
pasta (f)	папка	[papka]
abrir (vt)	ашу	[aʃu]
fechar (vt)	жабу	[ʒabu]
guardar (vt)	сақтау	[saqtau]
apagar, eliminar (vt)	кетіру	[ketiru]
copiar (vt)	көшіріп алу	[køʃirip alu]
ordenar (vt)	сұрыптау	[sʊrɨptau]
copiar (vt)	қайта көшіру	[qajta køʃiru]
programa (m)	бағдарлама	[baɣdarlama]
software (m)	бағдарламалық қамсыздандыру	[baɣdarlamalɨq qamsizdandiru]
programador (m)	бағдарламаушы	[baɣdarlamauʃi]
programar (vt)	бағдарламалау	[baɣdarlamalau]
hacker (m)	хакер	[haker]
senha (f)	пароль	[parolʲ]
vírus (m)	вирус	[vırus]
detetar (vt)	табу	[tabu]

byte (m)	байт	[bajt]
megabyte (m)	мегабайт	[megabajt]
dados (m pl)	деректер	[derekter]
base (f) de dados	дереккор	[derekqor]
cabo (m)	шоғырсым	[ʃoɣirsim]
desconectar (vt)	үзіп тастау	[üzip tastau]
conetar (vt)	қосу	[qosu]

102. Internet. E-mail

internet (f)	интернет	[ınternet]
browser (m)	браузер	[brauzer]
motor (m) de busca	іздестіру ресурсы	[izdestiru resursi]
provedor (m)	провайдер	[provajder]
webmaster (m)	веб-мастер	[veb master]
website, sítio web (m)	веб-сайт	[veb sajt]
página (f) web	веб-бет	[veb bet]
endereço (m)	мекен жай	[meken ʒaj]
livro (m) de endereços	мекен жай кітабы	[meken ʒaj kitabi]
caixa (f) de correio	пошта жәшігі	[poʃta ʒæʃigi]
correio (m)	пошта	[poʃta]
cheia (caixa de correio)	лық толған	[liq tolɣan]
mensagem (f)	хабарлама	[habarlama]
mensagens (f pl) recebidas	кіріс хабарламалары	[kiris habarlamalari]
mensagens (f pl) enviadas	шығыс хабарламалары	[ʃiɣis habarlamalari]
remetente (m)	жіберуші	[ʒiberuʃi]
enviar (vt)	жіберу	[ʒiberu]
envio (m)	жөнелтім	[ʒøneltim]
destinatário (m)	алушы	[aluʃi]
receber (vt)	алу	[alu]
correspondência (f)	қатынасхаттар	[qatinashattar]
corresponder-se (vr)	хат жазысу	[hat ʒazisu]
ficheiro (m)	файл	[fajl]
fazer download, baixar	көшіру	[køʃiru]
criar (vt)	жасау	[ʒasau]
apagar, eliminar (vt)	кетіру	[ketiru]
eliminado	кетірілген	[ketirilgen]
conexão (f)	байланыс	[bajlanis]
velocidade (f)	жылдамдық	[ʒildamdiq]
modem (m)	модем	[modem]
acesso (m)	кіру мүмкіндігі	[kiru mumkindigi]
porta (f)	порт	[port]
conexão (f)	қосылу	[qosilu]

conetar (vi)	қосылу	[qosɨlu]
escolher (vt)	таңдау	[taŋdau]
buscar (vt)	іздеу	[izdeu]

103. Eletricidade

eletricidade (f)	электр	[ɛlektr]
elétrico	электр	[ɛlektr]
central (f) elétrica	электростанция	[ɛlektrostantsɨja]
energia (f)	энергия	[ɛnergɪja]
energia (f) elétrica	электроэнергиясы	[ɛlektroɛnergɪjasi]
lâmpada (f)	лампыша	[lampiʃa]
lanterna (f)	қол фонары	[qol fonari]
poste (m) de iluminação	дала фонары	[dala fonari]
luz (f)	жарық	[ʒarɨq]
ligar (vt)	қосу	[qosu]
desligar (vt)	сөндіру	[søndiru]
apagar a luz	жарық сөндіру	[ʒarɨq søndiru]
fundir (vi)	күйіп кету	[kʉjip ketu]
curto-circuito (m)	қысқа тұйықталу	[qɨsqa tujiqtalu]
rutura (f)	үзік	[ʉzik]
contacto (m)	түйісу	[tʉjisu]
interruptor (m)	сөндіргіш	[søndirgiʃ]
tomada (f)	розетка	[rozetka]
ficha (f)	шанышқы	[ʃanɨʃqɨ]
extensão (f)	ұзайтқыш	[uzajtqɨʃ]
fusível (m)	сақтандырғыш	[saqtandɨrɣɨʃ]
fio, cabo (m)	өткізгіш	[øtkizgiʃ]
instalação (f) elétrica	электр сымы	[ɛlektr sɨmɨ]
ampere (m)	ампер	[amper]
amperagem (f)	ток күші	[tok kʉʃi]
volt (m)	вольт	[volʲt]
voltagem (f)	кернеу	[kerneu]
aparelho (m) elétrico	электр жабдық	[ɛlektr ʒabdɨq]
indicador (m)	индикатор	[ɪndɪkator]
eletricista (m)	электрик	[ɛlektrɪk]
soldar (vt)	дәнекерлеу	[dænekerleu]
ferro (m) de soldar	дәнекерлегіш	[dænekerlegiʃ]
corrente (f) elétrica	ток	[tok]

104. Ferramentas

ferramenta (f)	құрал	[qural]
ferramentas (f pl)	құралдар	[quraldar]

equipamento (m)	жабдық	[ʒabdɨq]
martelo (m)	балға	[balɣa]
chave (f) de fendas	бұрауыш	[burawiʃ]
machado (m)	балта	[balta]

serra (f)	ара	[ara]
serrar (vt)	аралау	[aralau]
plaina (f)	жонғы	[ʒonɣɨ]
aplainar (vt)	жонқалау	[ʒonqalau]
ferro (m) de soldar	дәнекерлегіш	[dænekerlegiʃ]
soldar (vt)	дәнекерлеу	[dænekerleu]

lima (f)	егеу	[egeu]
tenaz (f)	атауыз	[atawɨz]
alicate (m)	тістеуік	[tistewik]
formão (m)	қашау	[qaʃau]

broca (f)	бәрбі	[bærbi]
berbequim (f)	бұрғы	[burɣɨ]
furar (vt)	бұрғылау	[burɣɨlau]

faca (f)	пышақ	[pɨʃaq]
lâmina (f)	жүз	[ʒʉz]

afiado	өткір	[øtkir]
cego	дөкір	[døkir]
embotar-se (vr)	мұқалу	[muqalu]
afiar, amolar (vt)	қайрау	[qajrau]

parafuso (m)	болт	[bolt]
porca (f)	гайка	[gajka]
rosca (f)	бұранда	[buranda]
parafuso (m) para madeira	бұрандалы шеге	[burandalɨ ʃæge]

prego (m)	шеге	[ʃæge]
cabeça (f) do prego	қалпақша	[qalpaqʃa]

régua (f)	сызғыш	[sɨzɣɨʃ]
fita (f) métrica	рулетка	[ruletka]
nível (m)	деңгей	[deŋgej]
lupa (f)	лупа	[lupa]

medidor (m)	өлшеу аспабы	[ølʃæu aspabɨ]
medir (vt)	өлшеу	[ølʃæu]
escala (f)	шкала	[ʃkala]
indicação (f), registo (m)	көрсетуі	[kørsetui]

compressor (m)	компрессор	[kompressor]
microscópio (m)	микроскоп	[mɨkroskop]

bomba (f)	сорғы	[sorɣɨ]
robô (m)	робот	[robot]
laser (m)	лазер	[lazer]

chave (f) de boca	гайка кілті	[gajka kilti]
fita (f) adesiva	лента-скотч	[lenta skotʃ]

cola (f)	желім	[ʒɛlim]
lixa (f)	зімпара	[zimpara]
mola (f)	серіппе	[serippe]
íman (m)	магнит	[magnıt]
luvas (f pl)	биялай	[bıjalaj]
corda (f)	бау	[bau]
cordel (m)	бау	[bau]
fio (m)	сым	[sɨm]
cabo (m)	шоғырсым	[ʃoɣɨrsim]
marreta (f)	зілбалға	[zilbalɣa]
pé de cabra (m)	сүймен	[sʉjmen]
escada (f) de mão	баспалдақ	[baspaldaq]
escadote (m)	басқыш	[basqiʃ]
enroscar (vt)	шыршықтату	[ʃiirʃiqtatu]
desenroscar (vt)	бұрау	[burau]
apertar (vt)	қысу	[qisu]
colar (vt)	жапсыру	[ʒapsiru]
cortar (vt)	кесу	[kesu]
falha (mau funcionamento)	ақаулық	[aqauliq]
conserto (m)	жөндеу	[ʒøndeu]
consertar, reparar (vt)	жөндеу	[ʒøndeu]
regular, ajustar (vt)	жөнге салу	[ʒønge salu]
verificar (vt)	тексеру	[tekseru]
verificação (f)	тексеру	[tekseru]
indicação (f), registo (m)	көрсетуі	[kørsetui]
seguro	берік	[berik]
complicado	қиын	[qɪin]
enferrujar (vi)	таттану	[tattanu]
enferrujado	тоттанған	[tottanɣan]
ferrugem (f)	тот	[tot]

Transportes

105. Avião

avião (m)	ұшақ	[ʊʃaq]
bilhete (m) de avião	авиабилет	[avıabılet]
companhia (f) aérea	авиакомпания	[avıakompanıja]
aeroporto (m)	әуежай	[æweʒaj]
supersónico	дыбыстан жүйрік	[dibıstan ʒujrik]

comandante (m) do avião	кеме командирі	[keme komandıri]
tripulação (f)	экипаж	[ɛkıpaʒ]
piloto (m)	ұшқыш	[ʊʃqiʃ]
hospedeira (f) de bordo	аспансерік	[aspanserik]
copiloto (m)	штурман	[ʃturman]

asas (f pl)	қанаттар	[qanattar]
cauda (f)	құйрық	[qujrıq]
cabine (f) de pilotagem	кабина	[kabına]
motor (m)	қозғалтқыш	[qozɣaltqiʃ]
trem (m) de aterragem	шасси	[ʃassı]
turbina (f)	турбина	[turbına]

hélice (f)	пропеллер	[propeller]
caixa-preta (f)	қара жәшік	[qara ʒæʃik]
coluna (f) de controlo	штурвал	[ʃturval]
combustível (m)	жағармай	[ʒaɣarmaj]

instruções (f pl) de segurança	нұсқама	[nʊsqama]
máscara (f) de oxigénio	оттегі маскасы	[ottegi maskasi]
uniforme (m)	униформа	[unıforma]

colete (m) salva-vidas	құтқару жилеті	[qʊtqaru ʒıleti]
paraquedas (m)	парашют	[paraʃut]

descolagem (f)	ұшып көтерілу	[ʊʃip køterilu]
descolar (vi)	ұшып көтерілу	[ʊʃip køterilu]
pista (f) de descolagem	ұшу алаңы	[ʊʃu alaŋi]

visibilidade (f)	көріну	[kørinu]
voo (m)	ұшу	[ʊʃu]

altura (f)	биіктік	[bıiktik]
poço (m) de ar	әуе құдығы	[æwe qundiɣi]

assento (m)	орын	[orin]
auscultadores (m pl)	құлаққап	[qʊlaqqap]
mesa (f) rebatível	қайырмалы үстел	[qajirmali ustel]
vigia (f)	иллюминатор	[ılljumınator]
passagem (f)	өткел	[øtkel]

106. Comboio

comboio (m)	пойыз	[pojiz]
comboio (m) suburbano	электричка	[ɛlektritʃka]
comboio (m) rápido	жүрдек пойыз	[ʒʉrdek pojiz]
locomotiva (f) diesel	тепловоз	[teplovoz]
locomotiva (f) a vapor	паровоз	[parovoz]
carruagem (f)	вагон	[vagon]
carruagem restaurante (f)	вагон-ресторан	[vagon restoran]
carris (m pl)	рельстер	[relʲster]
caminho de ferro (m)	темір жол	[temir ʒol]
travessa (f)	шпал	[ʃpal]
plataforma (f)	платформа	[platforma]
linha (f)	жол	[ʒol]
semáforo (m)	семафор	[semafor]
estação (f)	станция	[stantsıja]
maquinista (m)	машинист	[maʃınıst]
bagageiro (m)	жүк тасушы	[ʒʉk tasuʃi]
hospedeiro, -a (da carruagem)	жолбасшы	[ʒolbasʃi]
passageiro (m)	жолаушы	[ʒolauʃi]
revisor (m)	бақылаушы	[baqɨlauʃi]
corredor (m)	дәліз	[dæliz]
freio (m) de emergência	тоқтату краны	[toqtatu krani]
compartimento (m)	купе	[kupe]
cama (f)	сөре	[søre]
cama (f) de cima	жоғарғы сөре	[ʒoɣarɣɨ søre]
cama (f) de baixo	төменгі сөре	[tømengi søre]
roupa (f) de cama	төсек-орын жабдығы	[tøsek orin ʒabdɨɣɨ]
bilhete (m)	билет	[bɪlet]
horário (m)	кесте	[keste]
painel (m) de informação	табло	[tablo]
partir (vt)	шегіну	[ʃæginu]
partida (f)	пойыздың жүруі	[pojizdɨŋ ʒʉrui]
chegar (vi)	келу	[kelu]
chegada (f)	келу	[kelu]
chegar de comboio	пойызбен келу	[pojizben kelu]
apanhar o comboio	пойызға отыру	[pojizɣa otiru]
sair do comboio	пойыздан шығу	[pojizdan ʃɨɣu]
acidente (m) ferroviário	апат	[apat]
locomotiva (f) a vapor	паровоз	[parovoz]
fogueiro (m)	от жағушы	[ot ʒaɣuʃi]
fornalha (f)	оттық	[ottiq]
carvão (m)	көмір	[kømir]

107. Barco

navio (m)	кеме	[keme]
embarcação (f)	кеме	[keme]
vapor (m)	пароход	[parohod]
navio (m)	теплоход	[teplohod]
transatlântico (m)	лайнер	[lajner]
cruzador (m)	крейсер	[krejser]
iate (m)	яхта	[jahta]
rebocador (m)	буксир	[buksɪr]
barcaça (f)	баржа	[barʒa]
ferry (m)	паром	[parom]
veleiro (m)	желкенші	[ʒelkenʃi]
bergantim (m)	бригантина	[brɪgantɪna]
quebra-gelo (m)	мұз жарғыш	[mʊz ʒarɣiʃ]
submarino (m)	сүңгуір қайық	[sʉŋguir qajiq]
bote, barco (m)	қайық	[qajiq]
bote, dingue (m)	шлюпка	[ʃljupka]
bote (m) salva-vidas	құтқарушы қайық	[qʊtqarʊʃi qajiq]
lancha (f)	кеме	[keme]
capitão (m)	капитан	[kapɪtan]
marinheiro (m)	кемеші	[kemeʃi]
marujo (m)	теңізші	[teŋizʃi]
tripulação (f)	экипаж	[ɛkɪpaʒ]
contramestre (m)	боцман	[botsman]
grumete (m)	юнга	[junga]
cozinheiro (m) de bordo	кок	[kok]
médico (m) de bordo	кеме дәрігері	[keme dærigeri]
convés (m)	палуба	[paluba]
mastro (m)	діңгек	[diŋgek]
vela (f)	желкен	[ʒelken]
porão (m)	трюм	[trjum]
proa (f)	тұмсық	[tʊmsiq]
popa (f)	корма	[korma]
remo (m)	ескек	[eskek]
hélice (f)	винт	[vɪnt]
camarote (m)	каюта	[kajuta]
sala (f) dos oficiais	ортақ бөлме	[ortaq bølme]
sala (f) das máquinas	машина бөлімі	[maʃɪna bølimi]
ponte (m) de comando	капитан мінбесі	[kapɪtan minbesi]
sala (f) de comunicações	радиорубка	[radɪorubka]
onda (f) de rádio	толқын	[tolqin]
diário (m) de bordo	кеме журналы	[keme ʒurnali]
luneta (f)	көру дүрбісі	[køru dʉrbisi]
sino (m)	қоңырау	[qoŋirau]

bandeira (f)	ту	[tu]
cabo (m)	арқан	[arqan]
nó (m)	түйін	[tújin]
corrimão (m)	тұтқа	[tutqa]
prancha (f) de embarque	басқыш	[basqiʃ]
âncora (f)	зәкір	[zækir]
recolher a âncora	зәкірді көтеру	[zækirdi køteru]
lançar a âncora	зәкірді тастау	[zækirdi tastau]
amarra (f)	зәкір шынжыры	[zækir ʃinʒiri]
porto (m)	кемежай	[kemeʒaj]
cais, amarradouro (m)	айлақ	[ajlaq]
atracar (vi)	айлақтау	[ajlaqtau]
desatracar (vi)	қозғалып кету	[qozɣalip ketu]
viagem (f)	саяхат	[sajahat]
cruzeiro (m)	круиз	[kruɪz]
rumo (m), rota (f)	бағыт	[baɣit]
itinerário (m)	бағдар	[baɣdar]
canal (m) navegável	фарватер	[farvater]
banco (m) de areia	қайыр	[qajir]
encalhar (vt)	тақырға отырып қалу	[taqirɣa otirip qalu]
tempestade (f)	дауыл	[dawil]
sinal (m)	сигнал	[sɪgnal]
afundar-se (vr)	бату	[batu]
SOS	SOS	[sos]
boia (f) salva-vidas	құтқару дөңгелегі	[qjutqaru døŋgelegi]

108. Aeroporto

aeroporto (m)	әуежай	[æweʒaj]
avião (m)	ұшақ	[uʃaq]
companhia (f) aérea	авиакомпания	[avɪakompanɪja]
controlador (m) de tráfego aéreo	диспетчер	[dɪspetʃer]
partida (f)	ұшу	[uʃu]
chegada (f)	ұшып келу	[uʃip kelu]
chegar (~ de avião)	ұшып келу	[uʃip kelu]
hora (f) de partida	ұшып шығу уақыты	[uʃip ʃiɣu uaqiti]
hora (f) de chegada	ұшып келу уақыты	[uʃip kelu uaqiti]
estar atrasado	кідіру	[kidiru]
atraso (m) de voo	ұшып шығудың кідіруі	[uʃip ʃiɣudidiŋ kidirui]
painel (m) de informação	ақпараттық табло	[aqparatiq tablo]
informação (f)	ақпарат	[aqparat]
anunciar (vt)	әйгілеу	[æjgileu]

voo (m)	рейс	[rejs]
alfândega (f)	кеден	[keden]
funcionário (m) da alfândega	кеденші	[kedenʃi]
declaração (f) alfandegária	декларация	[deklaratsıja]
preencher a declaração	декларацияны толтыру	[deklaratsıjanɨ toltɨru]
controlo (m) de passaportes	төлқұжат бақылауы	[tølquʒat baqɨlauɨ]
bagagem (f)	жүк	[ʒʉk]
bagagem (f) de mão	қол жүк	[qol ʒʉk]
carrinho (m)	арбаша	[arbaʃa]
aterragem (f)	отырғызу	[otɨrɣɨzu]
pista (f) de aterragem	отырғызу алабы	[otɨrɣɨzu alabɨ]
aterrar (vi)	қону	[qonu]
escada (f) de avião	басқыш	[basqɨʃ]
check-in (m)	тіркеу	[tirkeu]
balcão (m) do check-in	тіркеу үлдірігі	[tirkeu ʉldirigi]
fazer o check-in	тіркелу	[tirkelu]
cartão (m) de embarque	отырғызу талоны	[otɨrɣɨzu talonɨ]
porta (f) de embarque	шығу	[ʃɨɣu]
trânsito (m)	транзит	[tranzıt]
esperar (vi, vt)	күту	[kʉtu]
sala (f) de espera	күту залы	[kʉtu zalɨ]
despedir-se de …	ұзату	[uzatu]
despedir-se (vr)	қоштасу	[qoʃtasu]

Eventos

109. Férias. Evento

festa (f)	мереке	[mereke]
festa (f) nacional	ұлттық мереке	[ulttiq mereke]
feriado (m)	мерекелік күн	[merekelik kun]
festejar (vt)	тойлау	[tojlau]
evento (festa, etc.)	оқиға	[oqıγa]
evento (banquete, etc.)	шара	[ʃara]
banquete (m)	банкет	[banket]
receção (f)	қабылдау	[qabildau]
festim (m)	той	[toj]
aniversário (m)	жылдық	[ʒildiq]
jubileu (m)	мерейтой	[merejtoj]
celebrar (vt)	тойлап өткізу	[tojlap øtkizu]
Ano (m) Novo	жаңа жыл	[ʒaŋa ʒil]
Feliz Ano Novo!	Жаңа жылмен!	[ʒaŋa ʒilmen]
Natal (m)	Рождество	[roʒdestvo]
Feliz Natal!	Рождество мейрамы көңілді болсын!	[roʒdestvo mejrami køŋildi bolsin]
árvore (f) de Natal	Жаңа жылдық шырша	[ʒaŋa ʒildiq ʃirʃa]
fogo (m) de artifício	салют	[saljut]
boda (f)	үйлену тойы	[ujlenu toji]
noivo (m)	күйеу	[kujeu]
noiva (f)	қалыңдық	[qaliŋdiq]
convidar (vt)	шақыру	[ʃaqiru]
convite (m)	шақыру	[ʃaqiru]
convidado (m)	қонақ	[qonaq]
visitar (vt)	қонаққа бару	[qonaqqa baru]
receber os hóspedes	қонақтарды қарсы алу	[qonaqtardi qarsi alu]
presente (m)	сый	[sij]
oferecer (vt)	сыйлау	[sijlau]
receber presentes	сыйлар алу	[sijlar alu]
ramo (m) de flores	байлам	[bajlam]
felicitações (f pl)	құттықтау	[quttiqtau]
felicitar (dar os parabéns)	құттықтау	[quttiqtau]
cartão (m) de parabéns	құттықтау ашық хаты	[qutiqtau aʃiq hati]
enviar um postal	ашық хатты жіберу	[aʃiq hati ʒiberu]
receber um postal	ашық хатты алу	[aʃiq hati alu]

brinde (m)	тост	[tost]
oferecer (vt)	дәм таттыру	[dæm tatiru]
champanhe (m)	шампанское	[ʃampan]
divertir-se (vr)	көңіл көтеру	[køŋil koteru]
diversão (f)	сауық-сайран	[sawiq sajran]
alegria (f)	қуаныш	[quaniʃ]
dança (f)	би	[bɪ]
dançar (vi)	билеу	[bɪleu]
valsa (f)	вальс	[valʲs]
tango (m)	танго	[tango]

110. Funerais. Enterro

cemitério (m)	зират	[zɪrat]
sepultura (f), túmulo (m)	көр	[kør]
lápide (f)	барқын	[barqin]
cerca (f)	дуал	[dual]
capela (f)	кішкентай шіркеу	[kiʃkentaj ʃirkeu]
morte (f)	ажал	[aʒal]
morrer (vi)	өлу	[ølu]
defunto (m)	марқұм	[marqʊm]
luto (m)	аза	[aza]
enterrar, sepultar (vt)	жерлеу	[ʒerleu]
agência (f) funerária	жерлеу бюросы	[ʒerleu bjurosi]
funeral (m)	жерлеу	[ʒerleu]
coroa (f) de flores	венок	[venok]
caixão (m)	табыт	[tabit]
carro (m) funerário	катафалк	[katafalk]
mortalha (f)	кебін	[kebin]
urna (f) funerária	сауыт	[sawit]
crematório (m)	крематорий	[krematorɪj]
obituário (m), necrologia (f)	азанама	[azanama]
chorar (vi)	жылау	[ʒilau]
soluçar (vi)	аңырау	[aŋirau]

111. Guerra. Soldados

pelotão (m)	взвод	[vzvod]
companhia (f)	рота	[rota]
regimento (m)	полк	[polk]
exército (m)	армия	[armɪja]
divisão (f)	дивизия	[dɪvɪzija]
destacamento (m)	жасақ	[ʒasaq]
hoste (f)	әскер	[æsker]

soldado (m)	солдат	[soldat]
oficial (m)	офицер	[ofıtser]
soldado (m) raso	қатардағы	[qatardaɣi]
sargento (m)	сержант	[serʒant]
tenente (m)	лейтенант	[lejtenant]
capitão (m)	капитан	[kapıtan]
major (m)	майор	[major]
coronel (m)	полковник	[polkovnık]
general (m)	генерал	[general]
marujo (m)	теңізші	[teŋizʃi]
capitão (m)	капитан	[kapıtan]
contramestre (m)	боцман	[botsman]
artilheiro (m)	артиллерист	[artıllerıst]
soldado (m) paraquedista	десантшы	[desantʃi]
piloto (m)	ұшқыш	[uʃqiʃ]
navegador (m)	штурман	[ʃturman]
mecânico (m)	механик	[mehanık]
sapador (m)	сапер	[sapør]
paraquedista (m)	парашютші	[paraʃjutʃi]
explorador (m)	барлаушы	[barlauʃi]
franco-atirador (m)	мерген	[mergen]
patrulha (f)	патруль	[patrulʲ]
patrulhar (vt)	күзету	[kʉzetu]
sentinela (f)	сақшы	[saqʃi]
guerreiro (m)	жауынгер	[ʒawinger]
patriota (m)	отаншыл	[otanʃil]
herói (m)	батыр	[batir]
heroína (f)	батыр	[batir]
traidor (m)	сатқын	[satqin]
desertor (m)	қашқын	[qaʃqin]
desertar (vt)	әскерден қашу	[æskerden qaʃu]
mercenário (m)	жалдамшы	[ʒaldamʃi]
recruta (m)	жаңа шақырылған	[ʒaɲa ʃaqirilɣan]
voluntário (m)	өзі тіленгендер	[øzi tilengender]
morto (m)	өлген	[ølgen]
ferido (m)	жарақаттанған	[ʒaraqattanɣan]
prisioneiro (m) de guerra	тұтқын	[tutqin]

112. Guerra. Ações militares. Parte 1

guerra (f)	соғыс	[soɣis]
guerrear (vt)	соғысу	[soɣisu]
guerra (f) civil	азамат соғысы	[azamat soɣisi]
perfidamente	опасыз	[opasiz]
declaração (f) de guerra	жариялау	[ʒarijalau]

declarar (vt) guerra	жариялау	[ʒarıjalau]
agressão (f)	агрессия	[agressıja]
atacar (vt)	шабуыл жасау	[ʃabuɨl ʒasau]

invadir (vt)	басып алу	[basip alu]
invasor (m)	басқыншы	[basqinʃi]
conquistador (m)	шапқыншы	[ʃapqinʃi]

defesa (f)	қорғаныс	[qorɣanis]
defender (vt)	қорғау	[qorɣau]
defender-se (vr)	қорғану	[qorɣanu]

| inimigo, adversário (m) | жау | [ʒau] |
| inimigo | жау | [ʒau] |

| estratégia (f) | стратегия | [strategıja] |
| tática (f) | тактика | [taktıka] |

ordem (f)	бұйрық	[bujriq]
comando (m)	команда	[komanda]
ordenar (vt)	бұйыру	[bujiru]
missão (f)	тапсырма	[tapsirma]
secreto	құпия	[qupıja]

| batalha (f) | айқас | [ajqas] |
| combate (m) | шайқас | [ʃajqas] |

ataque (m)	шабуыл	[ʃabuɨl]
assalto (m)	шабуыл	[ʃabuɨl]
assaltar (vt)	шабуыл жасау	[ʃabuɨl ʒasau]
assédio, sítio (m)	қамау	[qamau]

| ofensiva (f) | шабуыл | [ʃabuɨl] |
| passar à ofensiva | шабуылдау | [ʃabuɨldau] |

| retirada (f) | шегіну | [ʃæginu] |
| retirar-se (vr) | шегіну | [ʃæginu] |

| cerco (m) | қоршау | [qorʃau] |
| cercar (vt) | қоршау | [qorʃau] |

bombardeio (m)	бомбалау	[bombalau]
lançar uma bomba	бомба тастау	[bomba tastau]
bombardear (vt)	бомба тастау	[bomba tastau]
explosão (f)	жарылыс	[ʒarilis]

tiro (m)	атыс	[atis]
disparar um tiro	атып жіберу	[atip ʒiberu]
tiroteio (m)	атыс	[atis]

apontar para ...	дәлдеу	[dældeu]
apontar (vt)	зеңбіректі кезеу	[zeŋbirekti kezeu]
acertar (vt)	нысанаға тигізу	[nisanaɣa tıgizu]

| afundar (um navio) | суға батыру | [suɣa batiru] |
| brecha (f) | тесілген жер | [tesilgen ʒer] |

afundar-se (vr)	судың түбіне кету	[sudiŋ tubine ketu]
frente (m)	майдан	[majdan]
evacuação (f)	көшіру	[køʃiru]
evacuar (vt)	көшіру	[køʃiru]
trincheira (f)	окоп, траншея	[okop], [tranʃæja]
arame (m) farpado	тікенді сым	[tikendi sim]
obstáculo (m) anticarro	бөгет	[bøget]
torre (f) de vigia	мұнара	[munara]
hospital (m)	госпиталь	[gospɪtalʲ]
ferir (vt)	жаралау	[ʒaralau]
ferida (f)	жара	[ʒara]
ferido (m)	жараланған	[ʒaralanɣan]
ficar ferido	жаралану	[ʒaralanu]
grave (ferida ~)	ауыр	[awir]

113. Guerra. Ações militares. Parte 2

cativeiro (m)	тұтқын	[tutqin]
capturar (vt)	тұтқынға алу	[tutqinɣa alu]
estar em cativeiro	тұтқында болу	[tutqinda bolu]
ser aprisionado	тұтқынға түсу	[tutqinɣa tusu]
campo (m) de concentração	концлагерь	[kontslagerʲ]
prisioneiro (m) de guerra	тұтқын	[tutqin]
escapar (vi)	Тұтқыннан қашу	[tutqinan qaʃu]
trair (vt)	сатылу	[satilu]
traidor (m)	сатқын	[satqin]
traição (f)	опасыздық	[opasizdiq]
fuzilar, executar (vt)	атып өлтіру	[atip øltiru]
fuzilamento (m)	ату жазасы	[atu ʒazasi]
equipamento (m)	киім	[kɪim]
platina (f)	иық белгі	[ɪiq belgi]
máscara (f) antigás	газқағар	[gazqaɣar]
rádio (m)	рация	[ratsɪja]
cifra (f), código (m)	мұқам	[muqam]
conspiração (f)	конспирация	[konspɪratsɪja]
senha (f)	пароль	[parolʲ]
mina (f)	мина	[mɪna]
minar (vt)	миналап тастау	[mɪnalap tastau]
campo (m) minado	миналы дала	[mɪnali dala]
alarme (m) aéreo	әуе дабылы	[æwe dabili]
alarme (m)	дабыл	[dabil]
sinal (m)	дабыл	[dabil]
sinalizador (m)	сигнал ракетасы	[sɪgnal raketasi]
estado-maior (m)	штаб	[ʃtab]
reconhecimento (m)	барлау	[barlau]

situação (f)	жағдай	[ʒaɣdaj]
relatório (m)	баянат	[bajanat]
emboscada (f)	тосқауыл	[tosqawil]
reforço (m)	жәрдем	[ʒærdem]

alvo (m)	нысана	[nisana]
campo (m) de tiro	полигон	[polıgon]
manobras (f pl)	маневрлар	[manevrlar]

pânico (m)	дүрбелең	[dʉrbeleŋ]
devastação (f)	бүлінушілік	[bʉlinuʃilik]
ruínas (f pl)	қиратулар	[qıratular]
destruir (vt)	бұзу	[buzu]

sobreviver (vi)	тірі қалу	[tiri qalu]
desarmar (vt)	қаруын тастату	[qaruin tastatu]
manusear (vt)	ұстау	[ʊstau]

| Firmes! | Тік тұр! | [tik tʊr] |
| Descansar! | Еркін! | [erkin] |

façanha (f)	батырлық	[batirliq]
juramento (m)	ант	[ant]
jurar (vi)	анттасу	[anttasu]

condecoração (f)	марапат	[marapat]
condecorar (vt)	марапаттау	[marapattau]
medalha (f)	медаль	[medalʲ]
ordem (f)	орден	[orden]

vitória (f)	жеңіс	[ʒeŋis]
derrota (f)	жеңіліс	[ʒeŋilis]
armistício (m)	бітім	[bitim]

bandeira (f)	ту	[tu]
glória (f)	дабыс	[dabis]
desfile (m) militar	парад	[parad]
marchar (vi)	әскерше жүру	[æskerʃe ʒʉru]

114. Armas

arma (f)	қару	[qaru]
arma (f) de fogo	ату қаруы	[atu qarui]
arma (f) branca	суық қару	[suiq qaru]

arma (f) química	химиялық қару	[hımijaliq qaru]
nuclear	ядролық	[jadroliq]
arma (f) nuclear	ядролық қару	[jadroliq qaru]

| bomba (f) | бомба | [bomba] |
| bomba (f) atómica | атом бомбасы | [atom bombasi] |

| pistola (f) | тапанша | [tapanʃa] |
| caçadeira (f) | мылтық | [miltiq] |

pistola-metralhadora (f)	автомат	[avtomat]
metralhadora (f)	пулемет	[pulemøt]
boca (f)	ауыз	[awiz]
cano (m)	оқпан	[oqpan]
calibre (m)	калибр	[kalıbr]
gatilho (m)	шүріппе	[ʃʉripe]
mira (f)	көздеуіш	[køzdewiʃ]
carregador (m)	қорап	[qorap]
coronha (f)	шүйде	[ʃʉjde]
granada (f) de mão	граната	[granata]
explosivo (m)	жарылғыш зат	[ʒarilɣiʃ zat]
bala (f)	оқ	[oq]
cartucho (m)	патрон	[patron]
carga (f)	заряд	[zarjad]
munições (f pl)	оқ-дәрілер	[oq dæriler]
bombardeiro (m)	бомбалаушы	[bombalauʃi]
avião (m) de caça	жойғыш	[ʒojɣiʃ]
helicóptero (m)	тікұшақ	[tikuʃaq]
canhão (m) antiaéreo	зенит зеңбірегі	[zenıt zeŋbiregi]
tanque (m)	танк	[tank]
canhão (de um tanque)	зеңбірек	[zeŋbirek]
artilharia (f)	артиллерия	[artıllerıja]
fazer a pontaria	бағыттау	[baɣitau]
obus (m)	снаряд	[snarjad]
granada (f) de morteiro	мина	[mına]
morteiro (m)	миномет	[mınomøt]
estilhaço (m)	жарқыншақ	[ʒarqinʃaq]
submarino (m)	сүңгуір қайық	[suŋguir qajiq]
torpedo (m)	торпеда	[torpeda]
míssil (m)	ракета	[raketa]
carregar (uma arma)	оқтау	[oqtau]
atirar, disparar (vi)	ату	[atu]
apontar para ...	дәлдеу	[dældeu]
baioneta (f)	найза	[najza]
espada (f)	сапы	[sapi]
sabre (m)	қылыш	[qiliʃ]
lança (f)	найза	[najza]
arco (m)	садақ	[sadaq]
flecha (f)	оқ	[oq]
mosquete (m)	мушкет	[muʃket]
besta (f)	арбалет	[arbalet]

115. Povos da antiguidade

primitivo	алғашқы қауымдық	[alɣaʃqi qawimdiq]
pré-histórico	тарихтан бұрынғы	[tarihtan bʊriŋɣɨ]
antigo	ежелгі	[eʒelgi]

Idade (f) da Pedra	Тас ғасыры	[tas ɣasiri]
Idade (f) do Bronze	Қола дәуірі	[qola dæwiri]
período (m) glacial	мұз дәуірі	[mʊz dæwiri]

tribo (f)	тайпа	[tajpa]
canibal (m)	жалмауыз	[ʒalmawiz]
caçador (m)	аңшы	[aɳʃi]
caçar (vi)	аулау	[aulau]
mamute (m)	мамонт	[mamont]

caverna (f)	үңгір	[ʉŋgir]
fogo (m)	от	[ot]
fogueira (f)	алау	[alau]
pintura (f) rupestre	жартасқа салынған сурет	[ʒartasqa salinɣan suret]

ferramenta (f)	еңбек құралы	[eŋbek qʊrali]
lança (f)	найза	[najza]
machado (m) de pedra	тас балтасы	[tas baltasi]
guerrear (vt)	соғысу	[soɣisu]
domesticar (vt)	қолға үйрету	[qolɣa ʉjretu]

ídolo (m)	пұт	[pʊt]
adorar, venerar (vt)	сыйыну	[sijinu]
superstição (f)	ырымшылдық	[irimʃildiq]

evolução (f)	эволюция	[ɛvaljutsɨja]
desenvolvimento (m)	дамушылық	[damuʃiliq]
desaparecimento (m)	ғайып болу	[ɣajip bolu]
adaptar-se (vr)	бейімделу	[bejimdelu]

arqueologia (f)	археология	[arheologɨja]
arqueólogo (m)	археолог	[arheolog]
arqueológico	археологиялық	[arheologɨjaliq]

local (m) das escavações	қазулар	[qazular]
escavações (f pl)	қазулар	[qazular]
achado (m)	олжа	[olʒa]
fragmento (m)	үзінді	[ʉzindi]

116. Idade média

povo (m)	халық	[haliq]
povos (m pl)	халықтар	[haliqtar]
tribo (f)	тайпа	[tajpa]
tribos (f pl)	тайпалар	[tajpalar]
bárbaros (m pl)	варвардар	[varvardar]
gauleses (m pl)	галлдар	[galldar]

godos (m pl)	готтар	[gottar]
eslavos (m pl)	славяндар	[slavjandar]
víquingues (m pl)	викингтер	[vıkıŋter]
romanos (m pl)	римдіктер	[rımdikter]
romano	рим	[rım]
bizantinos (m pl)	византиялықтар	[vızantıjalıqtar]
Bizâncio	Византия	[vızantıja]
bizantino	византиялық	[vızantıjalıq]
imperador (m)	император	[ımperator]
líder (m)	көсем	[køsem]
poderoso	құдіретті	[qudiretti]
rei (m)	король	[korolʲ]
governante (m)	билеуші	[bıleuʃi]
cavaleiro (m)	сері	[seri]
senhor feudal (m)	феодал	[feodal]
feudal	феодалдық	[feodaldıq]
vassalo (m)	вассал	[vassal]
duque (m)	герцог	[gertsog]
conde (m)	граф	[graf]
barão (m)	барон	[baron]
bispo (m)	епископ	[epıskop]
armadura (f)	қару-жарақ	[qaru ʒaraq]
escudo (m)	қалқан	[qalqan]
espada (f)	қылыш	[qiliʃ]
viseira (f)	қалқан	[qalqan]
cota (f) de malha	берен	[beren]
cruzada (f)	крест жорығы	[krest ʒoriɣi]
cruzado (m)	кресші	[kresʃi]
território (m)	территория	[terrıtorıja]
atacar (vt)	шабуыл жасау	[ʃabuil ʒasau]
conquistar (vt)	жаулап алу	[ʒaulap alu]
ocupar, invadir (vt)	басып алу	[basip alu]
assédio, sítio (m)	қамау	[qamau]
sitiado	қоршалған	[qorʃalɣan]
assediar, sitiar (vt)	қоршап алу	[qorʃap alu]
inquisição (f)	инквизиция	[ınkvızıtsıja]
inquisidor (m)	инквизитор	[ınkvızıtor]
tortura (f)	азап	[azap]
cruel	қатал	[qatal]
herege (m)	дінбұзар	[dinbuzar]
heresia (f)	дінбұзарлық	[dinbuzarlıq]
navegação (f) marítima	теңізде жүзу	[teŋizde ʒuzu]
pirata (m)	пират	[pırat]
pirataria (f)	қарақшылық	[qaraqʃiliq]
abordagem (f)	абордаж	[abordaʒ]

| presa (f), butim (m) | олжа | [olʒa] |
| tesouros (m pl) | қазыналар | [qazinalar] |

descobrimento (m)	ашу	[aʃu]
descobrir (novas terras)	ашу	[aʃu]
expedição (f)	экспедиция	[ɛkspedɪtsɪja]

mosqueteiro (m)	мушкетер	[muʃketør]
cardeal (m)	кардинал	[kardɪnal]
heráldica (f)	геральдика	[geralʲdɪka]
heráldico	геральдикалық	[geralʲdɪkaliq]

117. Líder. Chefe. Autoridades

rei (m)	король	[korolʲ]
rainha (f)	королева	[koroleva]
real	корольдық	[korolʲdiq]
reino (m)	корольдық	[korolʲdiq]

| príncipe (m) | ханзада | [hanzada] |
| princesa (f) | ханшайым | [hanʃajɨm] |

presidente (m)	президент	[prezɪdent]
vice-presidente (m)	вице-президент	[vɪtse prezɪdent]
senador (m)	сенатор	[senator]

monarca (m)	монарх	[monarh]
governante (m)	билеуші	[bɨleuʃi]
ditador (m)	диктатор	[dɪktator]
tirano (m)	тиран	[tɨran]
magnata (m)	магнат	[magnat]

diretor (m)	директор	[dɪrektor]
chefe (m)	бастық	[bastiq]
dirigente (m)	басқарушы	[basqaruʃi]

| patrão (m) | босс | [boss] |
| dono (m) | ие | [ɪe] |

chefe (~ de delegação)	басшы	[basʃi]
autoridades (f pl)	өкіметтер	[økimeter]
superiores (m pl)	бастықтар	[bastiqtar]

governador (m)	губернатор	[gubernator]
cônsul (m)	консул	[konsul]
diplomata (m)	дипломат	[dɪplomat]

| Presidente (m) da Câmara | қалабасы | [qalabasi] |
| xerife (m) | шериф | [ʃærɪf] |

imperador (m)	император	[ɪmperator]
czar (m)	патша	[patʃa]
faraó (m)	перғауын	[perɣawin]
cã (m)	хан	[han]

118. Viloação da lei. Criminosos. Parte 1

bandido (m)	бандит	[bandıt]
crime (m)	қылмыс	[qilmis]
criminoso (m)	қылмыскер	[qilmisker]
ladrão (m)	ұры	[ʊri]
roubar (vt)	ұрлау	[ʊrlau]
furto, roubo (m)	ұрлық	[ʊrliq]
raptar (ex. ~ uma criança)	ұрлап алу	[ʊrlap alu]
rapto (m)	жымқыру	[ʒimqiru]
raptor (m)	ұрлаушы	[ʊrlauʃi]
resgate (m)	құн	[qʊn]
pedir resgate	құнды талап ету	[qʊndi talap etu]
roubar (vt)	тонау	[tonau]
assalto, roubo (m)	қарақшылық	[qaraqʃiliq]
assaltante (m)	тонаушы	[tonauʃi]
extorquir (vt)	қорқытып алу	[qorqitip alu]
extorsionário (m)	қорқытып алушы	[qorqitip aluʃi]
extorsão (f)	қорқытып алушылық	[qorqitip aluʃiliq]
matar, assassinar (vt)	өлтіру	[øltiru]
homicídio (m)	өлтірушілік	[øltiruʃilik]
homicida, assassino (m)	өлтіруші	[øltiruʃi]
tiro (m)	ату	[atu]
dar um tiro	атып жіберу	[atip ʒiberu]
matar a tiro	атып өлтіру	[atip øltiru]
atirar, disparar (vi)	ату	[atu]
tiroteio (m)	атыс	[atis]
incidente (m)	оқиға	[oqıɣa]
briga (~ de rua)	төбелес	[tøbeles]
Socorro!	Көмекке! Құтқараңыз!	[kømekke], [qʊtqariŋiz]
vítima (f)	құрбан	[qʊrban]
danificar (vt)	зақымдау	[zaqimdau]
dano (m)	зиян	[zıjan]
cadáver (m)	өлік	[ølik]
grave	ауыр	[awir]
atacar (vt)	бас салу	[bas salu]
bater (espancar)	ұру	[ʊru]
espancar (vt)	ұрып-соғу	[ʊrip soɣu]
tirar, roubar (dinheiro)	тартып алу	[tartip alu]
esfaquear (vt)	бауыздау	[bawizdau]
mutilar (vt)	зағыптандыру	[zaɣiptandiru]
ferir (vt)	жаралау	[ʒaralau]
chantagem (f)	бопса	[bopsa]
chantagear (vt)	бопсалау	[bopsalau]

chantagista (m)	бопсашыл	[bopsaʃil]
extorsão	рэкет	[rɛket]
(em troca de proteção)		
extorsionário (m)	рэкетир	[rɛketır]
gângster (m)	гангстер	[gangster]
máfia (f)	мафия	[mafıja]

carteirista (m)	қалталық ұры	[qaltalıq uri]
assaltante, ladrão (m)	бұзып түсетін ұры	[buzip tusetin uri]
contrabando (m)	контрабанда	[kontrabanda]
contrabandista (m)	контрабандашы	[kontrabandaʃi]

falsificação (f)	жалған	[ʒalɣan]
falsificar (vt)	жалған істеу	[ʒalɣan isteu]
falsificado	жалған	[ʒalɣan]

119. Viloação da lei. Criminosos. Parte 2

violação (f)	зорлау	[zorlau]
violar (vt)	зорлау	[zorlau]
violador (m)	зорлаушы	[zorlauʃi]
maníaco (m)	маньяк	[manʲak]

prostituta (f)	жезөкше	[ʒezøkʃæ]
prostituição (f)	жезөкшелік	[ʒezøkʃælik]
chulo (m)	сутенер	[sutenør]

| toxicodependente (m) | нашақор | [naʃaqor] |
| traficante (m) | есірткілермен саудагер | [esirtkilermen saudager] |

explodir (vt)	жару	[ʒaru]
explosão (f)	жарылыс	[ʒarılıs]
incendiar (vt)	өртеу	[ørteu]
incendiário (m)	өртеуші	[ørteuʃi]

terrorismo (m)	терроризм	[terrorızm]
terrorista (m)	терроршы	[terrorʃi]
refém (m)	кепілгер	[kepilger]

enganar (vt)	алдау	[aldau]
engano (m)	алдаушылық	[aldauʃılıq]
vigarista (m)	алаяқ	[alajaq]

subornar (vt)	сатып алу	[satip alu]
suborno (atividade)	парағa сатып алу	[paraɣa satip alu]
suborno (dinheiro)	пара	[para]

veneno (m)	у	[u]
envenenar (vt)	уландыру	[ulandıru]
envenenar-se (vr)	улану	[ulanu]

suicídio (m)	өзін-өзі өлтірушілік	[øzin ozi øltiruʃilik]
suicida (m)	өзін-өзі өлтіруші	[øzin ozi øltiruʃi]
ameaçar (vt)	қоқақтау	[qoqaqtau]

ameaça (f)	қауіп	[qawip]
atentar contra a vida de ...	қастандық жасау	[qastandiq ʒasau]
atentado (m)	қастандық	[qastandiq]
roubar (o carro)	айдап әкету	[ajdap æketu]
desviar (o avião)	айдап әкету	[ajdap æketu]
vingança (f)	кек	[kek]
vingar (vt)	кек алу	[kek alu]
torturar (vt)	азаптату	[azaptatu]
tortura (f)	азап	[azap]
atormentar (vt)	азаптау	[azaptau]
pirata (m)	пират	[pırat]
desordeiro (m)	бейбастақ	[bejbastaq]
armado	жарақты	[ʒaraqti]
violência (f)	зорлық	[zorliq]
espionagem (f)	тыңшылық	[tiŋʃiliq]
espionar (vi)	тыңшы болу	[tiŋʃi bolu]

120. Polícia. Lei. Parte 1

justiça (f)	әділеттілік	[ædilettilik]
tribunal (m)	сот	[sot]
juiz (m)	төреші	[tøreʃi]
jurados (m pl)	сот мүшелері	[sot mʉʃæleri]
tribunal (m) do júri	ант берушілер соты	[ant beruʃiler soti]
julgar (vt)	соттау	[sottau]
advogado (m)	қорғаушы	[qorɣauʃi]
réu (m)	айыпкер	[ajipker]
banco (m) dos réus	айыпкерлер отырғышы	[ajipkerler otirɣiʃi]
acusação (f)	айып	[ajip]
acusado (m)	айыпкер	[ajipker]
sentença (f)	үкім	[ʉkim]
sentenciar (vt)	үкім шығару	[ʉkim ʃiɣaru]
culpado (m)	айыпкер	[ajipker]
punir (vt)	жазалау	[ʒazalau]
punição (f)	жаза	[ʒaza]
multa (f)	айыппұл	[ajippʋl]
prisão (f) perpétua	өмірлік қамау	[ømirlik qamau]
pena (f) de morte	өлім жазасы	[ølim ʒazasi]
cadeira (f) elétrica	электр орындығы	[ɛlektr orindiɣi]
forca (f)	дар	[dar]
executar (vt)	өлтіру	[øltiru]
execução (f)	өлім жазасы	[ølim ʒazasi]

| prisão (f) | абақты | [abaqti] |
| cela (f) de prisão | камера | [kamera] |

escolta (f)	айдаул	[ajdaul]
guarda (m) prisional	қараушы	[qarauʃi]
preso (m)	қамалған	[qamalɣan]

| algemas (f pl) | колкісен | [qolkisen] |
| algemar (vt) | қол кісендерді тағу | [qol kisenderdi taɣu] |

fuga, evasão (f)	қашу	[qaʃu]
fugir (vi)	қашу	[qaʃu]
desaparecer (vi)	жоғалу	[ʒoɣalu]
soltar, libertar (vt)	босату	[bosatu]
amnistia (f)	амнистия	[amnıstija]

polícia (instituição)	полиция	[polıtsija]
polícia (m)	полицейлік	[polıtsejlik]
esquadra (f) de polícia	полиция қосыны	[polıtsija qosinɨ]
cassetete (m)	резеңке таяқ	[rezeŋke tajaq]
megafone (m)	рупор	[rupor]

carro (m) de patrulha	патрулдік машина	[patruldik maʃina]
sirene (f)	сирена	[sırena]
ligar a sirene	сиренаны қосу	[sırenanɨ qosu]
toque (m) da sirene	сарнау	[sarnau]

cena (f) do crime	оқиға орыны	[oqıɣa orini]
testemunha (f)	куәгер	[kuæger]
liberdade (f)	бостандық	[bostandiq]
cúmplice (m)	сыбайлас	[sibajlas]
escapar (vi)	жасырыну	[ʒasirinu]
traço (não deixar ~s)	із	[iz]

121. Polícia. Lei. Parte 2

procura (f)	іздестіру	[izdestiru]
procurar (vt)	іздеу	[izdeu]
suspeita (f)	күдік	[kүdik]
suspeito	күдікті	[kүdikti]
parar (vt)	тоқтату	[toqtatu]
deter (vt)	ұстау	[ustau]

caso (criminal)	іс	[is]
investigação (f)	тергеу	[tergeu]
detetive (m)	детектив	[detektıv]
investigador (m)	тергеуші	[tergeuʃi]
versão (f)	версия	[versıja]

motivo (m)	себеп	[sebep]
interrogatório (m)	жауап алу	[ʒawap alu]
interrogar (vt)	жауап алу	[ʒawap alu]
questionar (vt)	сұрау	[surau]
verificação (f)	тексеру	[tekseru]

batida (f) policial	қамап алу	[qamap alu]
busca (f)	тінту	[tintu]
perseguição (f)	қуғын	[quɣin]
perseguir (vt)	қуғындау	[quɣindau]
seguir (vt)	торуылдау	[toruıldau]
prisão (f)	тұтқынға алу	[tʊtqinɣa alu]
prender (vt)	тұтқындау	[tʊtqindau]
pegar, capturar (vt)	ұстап алу	[ʊstap alu]
documento (m)	құжат	[qʊʒat]
prova (f)	дәлел	[dælel]
provar (vt)	дәлелдеу	[dæleldeu]
pegada (f)	із	[iz]
impressões (f pl) digitais	саусақтардың таңбалары	[sausaqtardiŋ taŋbalari]
prova (f)	дәлел	[dælel]
álibi (m)	алиби	[alıbı]
inocente	айыпсыз	[ajipsiz]
injustiça (f)	әділетсіздік	[ædiletsizdik]
injusto	әділетсіз	[ædiletsiz]
criminal	қылмыстық	[qilmistiq]
confiscar (vt)	тәркілеу	[tærkileu]
droga (f)	есірткі	[esirtki]
arma (f)	қару	[qaru]
desarmar (vt)	қаруын тастату	[qaruin tastatu]
ordenar (vt)	бұйыру	[bujiru]
desaparecer (vi)	жоғалу	[ʒoɣalu]
lei (f)	заң	[zaŋ]
legal	заңды	[zaŋdi]
ilegal	заңсыз	[zaŋsiz]
responsabilidade (f)	жауапкершілік	[ʒawapkerʃilik]
responsável	жауапты	[ʒawapti]

NATUREZA

A Terra. Parte 1

122. Espaço sideral

cosmos (m)	ғарыш	[ɣariʃ]
cósmico	ғарыштық	[ɣariʃtiq]
espaço (m) cósmico	ғарыш кеңістігі	[ɣariʃ keŋistigi]
mundo, universo (m)	əлем	[ælem]
galáxia (f)	галактика	[galaktɪka]
estrela (f)	жұлдыз	[ʒʊldiz]
constelação (f)	шоқжұлдыз	[ʃoqʒʊldiz]
planeta (m)	планета	[planeta]
satélite (m)	серік	[serik]
meteorito (m)	метеорит	[meteorɪt]
cometa (m)	комета	[kometa]
asteroide (m)	астероид	[asterɔɪd]
órbita (f)	орбита	[orbɪta]
girar (vi)	айналу	[ajnalu]
atmosfera (f)	атмосфера	[atmosfera]
Sol (m)	күн	[kʉn]
Sistema (m) Solar	күн жүйесі	[kʉn ʒujesi]
eclipse (m) solar	күн тұтылу	[kʉn tʊtilu]
Terra (f)	Жер	[ʒer]
Lua (f)	Ай	[aj]
Marte (m)	Марс	[mars]
Vénus (f)	Венера	[venera]
Júpiter (m)	Юпитер	[jupɪter]
Saturno (m)	Сатурн	[saturn]
Mercúrio (m)	Меркурий	[merkurɪj]
Urano (m)	Уран	[uran]
Neptuno (m)	Нептун	[neptun]
Plutão (m)	Плутон	[pluton]
Via Láctea (f)	Құс жолы	[qʊs ʒoli]
Ursa Maior (f)	Жетіқарақшы	[ʒetiqaraqʃi]
Estrela Polar (f)	Темірқазық	[temirqaziq]
marciano (m)	марстық	[marstiq]
extraterrestre (m)	басқа планеталық	[basqa planetaliq]

alienígena (m)	келімсек	[kelimsek]
disco (m) voador	ұшатын тәрелке	[uʃatin tærelke]
nave (f) espacial	ғарыш кемесі	[ɣariʃ kemesi]
estação (f) orbital	орбиталық станция	[orbɪtaliq stantsɪja]
lançamento (m)	старт	[start]
motor (m)	двигатель	[dvɪgatelʲ]
bocal (m)	қақпақ	[qaqpaq]
combustível (m)	жанармай	[ʒanarmaj]
cabine (f)	кабина	[kabɪna]
antena (f)	антенна	[antena]
vigia (f)	иллюминатор	[ɪlljumɪnator]
bateria (f) solar	күн батареясы	[kʉn batarejasi]
traje (m) espacial	скафандр	[skafandr]
imponderabilidade (f)	салмақсыздық	[salmaqsizdiq]
oxigénio (m)	оттегі	[ottegi]
acoplagem (f)	түйісу	[tʉjisu]
fazer uma acoplagem	түйісу жасау	[tʉjisu ʒasau]
observatório (m)	обсерватория	[observatorɪja]
telescópio (m)	телескоп	[teleskop]
observar (vt)	бақылау	[baqilau]
explorar (vt)	зерттеу	[zertteu]

123. A Terra

Terra (f)	Жер	[ʒer]
globo terrestre (Terra)	жер шары	[ʒer ʃari]
planeta (m)	ғаламшар	[ɣalamʃar]
atmosfera (f)	атмосфера	[atmosfera]
geografia (f)	география	[geografɪja]
natureza (f)	табиғат	[tabɪɣat]
globo (mapa esférico)	глобус	[globus]
mapa (m)	карта	[karta]
atlas (m)	атлас	[atlas]
Europa (f)	Еуропа	[europa]
Ásia (f)	Азия	[azɪja]
África (f)	Африка	[afrɪka]
Austrália (f)	Австралия	[avstralɪja]
América (f)	Америка	[amerɪka]
América (f) do Norte	Солтүстік Америка	[soltustik amerɪka]
América (f) do Sul	Оңтүстік Америка	[oŋtustik amerɪka]
Antártida (f)	Антарктида	[antarktɪda]
Ártico (m)	Арктика	[arktɪka]

124. Pontos cardeais

norte (m)	солтүстік	[soltustik]
para norte	солтүстікке	[soltustikke]
no norte	солтүстікте	[soltustikte]
do norte	солтүстік	[soltustik]
sul (m)	оңтүстік	[oŋtustik]
para sul	оңтүстікке	[oŋtustikke]
no sul	оңтүстікте	[oŋtustikte]
do sul	оңтүстік	[oŋtustik]
oeste, ocidente (m)	батыс	[batis]
para oeste	батысқа	[batisqa]
no oeste	батыста	[batista]
ocidental	батыс	[batis]
leste, oriente (m)	шығыс	[ʃiɣis]
para leste	шығысқа	[ʃiɣisqa]
no leste	шығыста	[ʃiɣista]
oriental	шығыс	[ʃiɣis]

125. Mar. Oceano

mar (m)	теңіз	[teŋiz]
oceano (m)	мұхит	[muhıt]
golfo (m)	шығанақ	[ʃiɣanaq]
estreito (m)	бұғаз	[buɣaz]
terra (f) firme	жер	[ʒer]
continente (m)	материк	[materık]
ilha (f)	арал	[aral]
península (f)	түбек	[tubek]
arquipélago (m)	архипелаг	[arhıpelag]
baía (f)	айлақ	[ajlaq]
porto (m)	гавань	[gavanʲ]
lagoa (f)	лагуна	[laguna]
cabo (m)	мүйіс	[mujis]
atol (m)	атолл	[atoll]
recife (m)	риф	[rıf]
coral (m)	маржан	[marʒan]
recife (m) de coral	маржан риф	[marʒan rıf]
profundo	терең	[tereŋ]
profundidade (f)	тереңдік	[tereŋdik]
abismo (m)	түпсіз	[tupsiz]
fossa (f) oceânica	шұқыр	[ʃuqir]
corrente (f)	ағын	[aɣin]
banhar (vt)	ұласу	[ulasu]
litoral (m)	жаға	[ʒaɣa]

costa (f)	жағалау	[ʒaɣalau]
maré (f) alta	судың келуі	[sudɨŋ kelui]
refluxo (m), maré (f) baixa	судың қайтуы	[sudɨŋ qajtui]
restinga (f)	барқын	[barqɨn]
fundo (m)	түп	[tʉp]
onda (f)	толқын	[tolqɨn]
crista (f) da onda	толқынның жотасы	[tolqɨnɨŋ ʒotasɨ]
espuma (f)	көбік	[købik]
tempestade (f)	дауыл	[dawɨl]
furacão (m)	дауыл	[dawɨl]
tsunami (m)	цунами	[tsunamɨ]
calmaria (f)	тымық	[tɨmɨq]
calmo	тыныќ	[tɨnɨq]
polo (m)	полюс	[poljus]
polar	поляр	[poljar]
latitude (f)	ендік	[endik]
longitude (f)	бойлық	[bojlɨq]
paralela (f)	параллель	[parallelʲ]
equador (m)	экватор	[ɛkvator]
céu (m)	аспан	[aspan]
horizonte (m)	көкжиек	[køkʒɪek]
ar (m)	ауа	[awa]
farol (m)	шамшырақ	[ʃamʃɨraq]
mergulhar (vi)	сүңгу	[sʉŋgu]
afundar-se (vr)	батып кету	[batɨp ketu]
tesouros (m pl)	қазына	[qazɨna]

126. Nomes de Mares e Oceanos

Oceano (m) Atlântico	Атлант мұхиты	[atlant mʊhɨtɨ]
Oceano (m) Índico	Үнді мұхиті	[ʉndɪ mʊhɨtɨ]
Oceano (m) Pacífico	Тыныќ мұхит	[tɨnɨq mʊhɨt]
Oceano (m) Ártico	Солтүстік мұзды мұхиті	[soltʉstɪk mʊzdɨ mʊhɨtɨ]
Mar (m) Negro	Қара теңіз	[qara teŋɨz]
Mar (m) Vermelho	Қызыл теңіз	[qɨzɨl teŋɨz]
Mar (m) Amarelo	Сары теңіз	[sarɨ teŋɨz]
Mar (m) Branco	Ақ теңіз	[aq teŋɨz]
Mar (m) Cáspio	Каспий теңізі	[kaspɨj teŋɨzɨ]
Mar (m) Morto	Өлген теңіз	[ølgen teŋɨzɨ]
Mar (m) Mediterrâneo	Жерорта теңізі	[ʒerorta teŋɨzɨ]
Mar (m) Egeu	Эгей теңізі	[ɛgej teŋɨzɨ]
Mar (m) Adriático	Адриатикалық теңіз	[adrɨatɨkalɨq teŋɨz]
Mar (m) Arábico	Аравиялық теңіз	[aravɨjalɨq teŋɨz]
Mar (m) do Japão	Жапон теңізі	[ʒapon teŋɨzɨ]

Mar (m) de Bering	Беринг теңізі	[berıng teŋizi]
Mar (m) da China Meridional	Оңтүстік-Қытай теңізі	[oŋtustik qitaj teŋizi]
Mar (m) de Coral	Маржан теңізі	[marʒan teŋizi]
Mar (m) de Tasman	Тасман теңізі	[tasman teŋizi]
Mar (m) do Caribe	Карибиялық теңіз	[karıbıjaliq teŋiz]
Mar (m) de Barents	Баренц теңізі	[barents teŋizi]
Mar (m) de Kara	Карск теңізі	[karsk teŋizi]
Mar (m) do Norte	Солтүстік теңіз	[soltustik teŋiz]
Mar (m) Báltico	Балтық теңізі	[baltiq teŋizi]
Mar (m) da Noruega	Норвегиялық теңіз	[norvegijaliq teŋiz]

127. Montanhas

montanha (f)	тау	[tau]
cordilheira (f)	тау тізбектері	[tau tizbekteri]
serra (f)	тау қырқасы	[tau qirqasi]
cume (m)	шың	[ʃiŋ]
pico (m)	шың	[ʃiŋ]
sopé (m)	етек	[etek]
declive (m)	бөктер	[bøkter]
vulcão (m)	жанартау	[ʒanartau]
vulcão (m) ativo	сөнбеген жанартау	[sønbegen ʒanartau]
vulcão (m) extinto	сөнген жанартау	[søngen ʒanartau]
erupção (f)	ақтарылу	[aqtarilu]
cratera (f)	кратер	[krater]
magma (m)	магма	[magma]
lava (f)	лава	[lava]
fundido (lava ~a)	қызған	[qizɣan]
desfiladeiro (m)	каньон	[kanʲon]
garganta (f)	басат	[basat]
fenda (f)	жарық	[ʒariq]
passo, colo (m)	асу	[asu]
planalto (m)	үстірт	[ustirt]
falésia (f)	жартас	[ʒartas]
colina (f)	белес	[beles]
glaciar (m)	мұздық	[muzdiq]
queda (f) d'água	сарқырама	[sarqirama]
géiser (m)	гейзер	[gejzer]
lago (m)	көл	[køl]
planície (f)	жазық	[ʒaziq]
paisagem (f)	пейзаж	[pejzaʒ]
eco (m)	жаңғырық	[ʒaŋɣiriq]
alpinista (m)	альпинист	[alʲpınıst]
escalador (m)	жартасқа өрмелеуші	[ʒartasqa ørmeleuʃi]

conquistar (vt)	бағындыру	[baɣɨndɨru]
subida, escalada (f)	шыңына шығу	[ʃɨŋɨna ʃɨɣu]

128. Nomes de montanhas

Alpes (m pl)	Альпілер	[alʲpiler]
monte Branco (m)	Монблан	[monblan]
Pirineus (m pl)	Пиренейлер	[pɪrenejler]
Cárpatos (m pl)	Карпаттар	[karpatar]
montes (m pl) Urais	Орал таулары	[oral taularɨ]
Cáucaso (m)	Кавказ	[kavkaz]
Elbrus (m)	Эльбрус	[elʲbrus]
Altai (m)	Алтай	[altaj]
Tian Shan (m)	Тянь-Шань	[tʲan ʃan]
Pamir (m)	Памир	[pamɪr]
Himalaias (m pl)	Гималаи	[gɪmalaɪ]
monte (m) Everest	Эверест	[everest]
Cordilheira (f) dos Andes	Аңдылар	[aŋdɨlar]
Kilimanjaro (m)	Килиманджаро	[kɪlɪmandʒaro]

129. Rios

rio (m)	өзен	[øzen]
fonte, nascente (f)	бұлақ	[bʊlaq]
leito (m) do rio	арна	[arna]
bacia (f)	бассейн	[bassejn]
desaguar no ...	ағып құйылу	[aɣɨp qujɨlu]
afluente (m)	тармақ	[tarmaq]
margem (do rio)	жаға	[ʒaɣa]
corrente (f)	ағын	[aɣɨn]
rio abaixo	ағыстың ыңғайымен	[aɣɨstɨŋ ɨŋɣajɨmen]
rio acima	өрге қарай	[ørge qaraj]
inundação (f)	тасқын	[tasqɨn]
cheia (f)	аспа	[aspa]
transbordar (vi)	су тасу	[su tasu]
inundar (vt)	су басу	[su basu]
banco (m) de areia	қайыр	[qajɨr]
rápidos (m pl)	табалдырық	[tabaldɨrɨq]
barragem (f)	тоған	[toɣan]
canal (m)	канал	[kanal]
reservatório (m) de água	су қоймасы	[su qojmasɨ]
eclusa (f)	шлюз	[ʃljuz]
corpo (m) de água	суайдын	[suajdɨn]
pântano (m)	батпақ	[batpaq]

tremedal (m)	тартпа	[tartpa]
remoinho (m)	иірім	[ıirim]
arroio, regato (m)	жылға	[ʒilɣa]
potável	ішетін	[iʃætin]
doce (água)	тұзсыз	[tʊzsiz]
gelo (m)	мұз	[mʊz]
congelar-se (vr)	мұз боп қату	[mʊz bop qatu]

130. Nomes de rios

rio Sena (m)	Сена	[sena]
rio Loire (m)	Луара	[luara]
rio Tamisa (m)	Темза	[temza]
rio Reno (m)	Рейн	[rejn]
rio Danúbio (m)	Дунай	[dunaj]
rio Volga (m)	Волга	[volga]
rio Don (m)	Дон	[don]
rio Lena (m)	Лена	[lena]
rio Amarelo (m)	Хуанхэ	[huanhɛ]
rio Yangtzé (m)	Янцзы	[jantszı]
rio Mekong (m)	Меконг	[mekong]
rio Ganges (m)	Ганг	[gang]
rio Nilo (m)	Нил	[nıl]
rio Congo (m)	Конго	[kongo]
rio Cubango (m)	Окаванго	[okavango]
rio Zambeze (m)	Замбези	[zambezı]
rio Limpopo (m)	Лимпопо	[lımpopo]
rio Mississípi (m)	Миссисипи	[mıssısıpı]

131. Floresta

floresta (f), bosque (m)	орман	[orman]
florestal	орман	[orman]
mata (f) cerrada	бытқыл	[bitqil]
arvoredo (m)	тоғай	[toɣaj]
clareira (f)	алаңқай	[alaŋqaj]
matagal (m)	ну өсімдік	[nu øsimdik]
mato (m)	бұта	[bʊta]
vereda (f)	соқпақ	[soqpaq]
ravina (f)	жыра	[ʒira]
árvore (f)	ағаш	[aɣaʃ]
folha (f)	жапырақ	[ʒapiraq]

folhagem (f)	жапырақ	[ʒapiraq]
queda (f) das folhas	жапырақтың құрап түсуі	[ʒapiraqtiŋ qurap tʉsui]
cair (vi)	қазылу	[qazɨlu]
topo (m)	ағаштың жоғарғы ұшы	[aɣaʃtiŋ ʒoɣarɣɨ uʃi]

ramo (m)	бұтақ	[bʊtaq]
galho (m)	бұтақ	[bʊtaq]
botão, rebento (m)	бүршік	[bʉrʃik]
agulha (f)	ине	[ɪne]
pinha (f)	бүршік	[bʉrʃik]

buraco (m) de árvore	қуыс	[quɨs]
ninho (m)	ұя	[ʊja]
toca (f)	ін	[in]

tronco (m)	дің	[diŋ]
raiz (f)	тамыр	[tamɨr]
casca (f) de árvore	қабық	[qabɨq]
musgo (m)	мүк	[mʉk]

arrancar pela raiz	қопару	[qoparu]
cortar (vt)	шабу	[ʃabu]
desflorestar (vt)	шабу	[ʃabu]
toco, cepo (m)	томар	[tomar]

fogueira (f)	алау	[alau]
incêndio (m) florestal	өрт	[ørt]
apagar (vt)	өшіру	[øʃiru]

guarda-florestal (m)	орманшы	[ormanʃi]
proteção (f)	күзет	[kʉzet]
proteger (a natureza)	күзету	[kʉzetu]
caçador (m) furtivo	браконьер	[brakonʲer]
armadilha (f)	қақпан	[qaqpan]

| colher (cogumelos, bagas) | жинау | [ʒɪnau] |
| perder-se (vr) | адасып кету | [adasɨp ketu] |

132. Recursos naturais

recursos (m pl) naturais	табиғи қорлар	[tabɨɣɨ qorlar]
minerais (m pl)	пайдалы қазбалар	[pajdalɨ qazbalar]
depósitos (m pl)	кен	[ken]
jazida (f)	кен орны	[ken ornɨ]

extrair (vt)	кен шығару	[ken ʃɨɣaru]
extração (f)	шығару	[ʃɨɣaru]
minério (m)	кен	[ken]
mina (f)	керіш	[keniʃ]
poço (m) de mina	шахта	[ʃahta]
mineiro (m)	көмірші	[kømirʃi]

| gás (m) | газ | [gaz] |
| gasoduto (m) | газ құбыры | [gaz qʊbɨrɨ] |

petróleo (m)	мұнай	[mʊnaj]
oleoduto (m)	мұнай құбыры	[mʊnaj qʊbiri]
poço (m) de petróleo	мұнай мұнарасы	[mʊnaj mʊnarasi]
torre (f) petrolífera	бұрғылау мұнарасы	[burɣilau munarasi]
petroleiro (m)	танкер	[tanker]

areia (f)	құм	[qʊm]
calcário (m)	әк тас	[æk tas]
cascalho (m)	қиыршақ тас	[qıirʃaq tas]
turfa (f)	торф	[torf]
argila (f)	балшық	[balʃiq]
carvão (m)	көмір	[kømir]

ferro (m)	темір	[temir]
ouro (m)	алтын	[altin]
prata (f)	күміс	[kɯmis]
níquel (m)	никель	[nıkelʲ]
cobre (m)	мыс	[mis]

zinco (m)	мырыш	[miriʃ]
manganês (m)	марганец	[marganets]
mercúrio (m)	сынап	[sinap]
chumbo (m)	қорғасын	[qorɣasin]

mineral (m)	минерал	[mıneral]
cristal (m)	кристалл	[krıstall]
mármore (m)	мәрмәр	[mærmær]
urânio (m)	уран	[uran]

A Terra. Parte 2

133. Tempo

tempo (m)	ауа райы	[awa rajï]
previsão (f) do tempo	ауа райы болжамы	[awa rajï bolʒamï]
temperatura (f)	температура	[temperatura]
termómetro (m)	термометр	[termometr]
barómetro (m)	барометр	[barometr]
humidade (f)	ылғалдық	[ïlɣaldïq]
calor (m)	ыстық	[ïstïq]
cálido	ыстық	[ïstïq]
está muito calor	ыстық	[ïstïq]
está calor	жылы	[ʒïlï]
quente	жылы	[ʒïlï]
está frio	суық	[suïq]
frio	суық	[suïq]
sol (m)	күн	[kün]
brilhar (vi)	жарық түсіру	[ʒarïq tüsiru]
de sol, ensolarado	күн	[kün]
nascer (vi)	көтерілу	[köterilu]
pôr-se (vr)	отыру	[otïru]
nuvem (f)	бұлт	[bult]
nublado	бұлтты	[bultti]
nuvem (f) preta	қара бұлт	[qara bult]
escuro, cinzento	бұлыңғыр	[bulïŋɣïr]
chuva (f)	жаңбыр	[ʒaŋbir]
está a chover	жаңбыр жауып тұр	[ʒaŋbir ʒawïp tur]
chuvoso	жауын-шашынды	[ʒawïn ʃaʃïndï]
chuviscar (vi)	сіркіреу	[sirkireu]
chuva (f) torrencial	қара жаңбыр	[qara ʒaŋbir]
chuvada (f)	нөсер	[nøser]
forte (chuva)	екпінді	[ekpindi]
poça (f)	шалшық	[ʃalʃïq]
molhar-se (vr)	су өту	[su øtu]
nevoeiro (m)	тұман	[tuman]
de nevoeiro	тұманды	[tumandï]
neve (f)	қар	[qar]
está a nevar	қар жауып тұр	[qar ʒawïp tur]

134. Tempo extremo. Catástrofes naturais

trovoada (f)	найзағай	[najzaɣaj]
relâmpago (m)	найзағай	[najzaɣaj]
relampejar (vi)	жарқырау	[ʒarqɨrau]
trovão (m)	күн күркіреу	[kʉn kʉrkireu]
trovejar (vi)	дүрілдеу	[dʉrildeu]
está a trovejar	күн күркірейді	[kʉn kʉrkirejdi]
granizo (m)	бұршақ	[bʊrʃaq]
está a cair granizo	бұршақ жауып тұр	[bʊrʃaq ʒawɨp tur]
inundar (vt)	су басу	[su basu]
inundação (f)	сел жүру	[sel ʒʉru]
terremoto (m)	жер сілкіну	[ʒer silkinu]
abalo, tremor (m)	түртκі	[tʉrtki]
epicentro (m)	эпицентр	[ɛpɪtsentr]
erupção (f)	атылуы	[atɨluɨ]
lava (f)	лава	[lava]
turbilhão (m)	құйын	[qujɨn]
tornado (m)	торнадо	[tornado]
tufão (m)	тайфун	[tajfun]
furacão (m)	дауыл	[dawɨl]
tempestade (f)	дауыл	[dawɨl]
tsunami (m)	цунами	[tsunamɪ]
ciclone (m)	циклон	[tsɪklon]
mau tempo (m)	бұлыңғыр	[bʊlɨŋɣɨr]
incêndio (m)	өрт	[ørt]
catástrofe (f)	апат	[apat]
meteorito (m)	метеорит	[meteorɪt]
avalanche (f)	көшкін	[køʃkin]
deslizamento (m) de neve	опырылу	[opɨrɨlu]
nevasca (f)	боран	[boran]
tempestade (f) de neve	боран	[boran]

Fauna

135. Mamíferos. Predadores

predador (m)	жыртқыш	[ʒirtqiʃ]
tigre (m)	жолбарыс	[ʒolbaris]
leão (m)	арыстан	[aristan]
lobo (m)	қасқыр	[qaskir]
raposa (f)	түлкі	[tʉlki]
jaguar (m)	ягуар	[jaguar]
leopardo (m)	леопард	[leopard]
chita (f)	гепард	[gepard]
pantera (f)	бабыр	[babir]
puma (m)	пума	[puma]
leopardo-das-neves (m)	ілбіс	[ilbis]
lince (m)	сілеусін	[sileusin]
coiote (m)	койот	[kojot]
chacal (m)	шиебөрі	[ʃiebøri]
hiena (f)	гиена	[gɪena]

136. Animais selvagens

animal (m)	айуан	[ajuan]
besta (f)	аң	[aŋ]
esquilo (m)	тиін	[tɪin]
ouriço (m)	кірпі	[kirpi]
lebre (f)	қоян	[qojan]
coelho (m)	үй қояны	[ʉj qojani]
texugo (m)	борсық	[borsiq]
guaxinim (m)	жанат	[ʒanat]
hamster (m)	алақоржын	[alaqorʒin]
marmota (f)	суыр	[suir]
toupeira (f)	көртішқан	[kørtiʃqan]
rato (m)	қаптесер	[qapteser]
ratazana (f)	егеуқүйрық	[egeuqujriq]
morcego (m)	жарғанат	[ʒarɣanat]
arminho (m)	аққіс	[aqis]
zibelina (f)	бұлғын	[bʊlɣin]
marta (f)	кәмшат	[kæmʃat]
doninha (f)	аққалақ	[aqqalaq]
vison (m)	норка	[norka]

castor (m)	құндыз	[qʊndiz]
lontra (f)	қамшат	[qamʃat]
cavalo (m)	ат	[at]
alce (m)	бұлан	[bʊlan]
veado (m)	бұғы	[bʊɣi]
camelo (m)	түйе	[tɥje]
bisão (m)	бизон	[bɪzon]
auroque (m)	зубр	[zubr]
búfalo (m)	буйвол	[bujvol]
zebra (f)	зебра	[zebra]
antílope (m)	антилопа	[antɪlopa]
corça (f)	елік	[elik]
gamo (m)	кербұғы	[kerbʊɣi]
camurça (f)	серна	[serna]
javali (m)	қабан	[qaban]
baleia (f)	кит	[kɪt]
foca (f)	итбалық	[ɪtbaliq]
morsa (f)	морж	[morʒ]
urso-marinho (m)	теңіз мысық	[teŋiz misiq]
golfinho (m)	дельфин	[delʲfɪn]
urso (m)	аю	[aju]
urso (m) branco	ақ аю	[aq aju]
panda (m)	панда	[panda]
macaco (em geral)	маймыл	[majmil]
chimpanzé (m)	шимпанзе	[ʃɪmpanze]
orangotango (m)	орангутанг	[orangutang]
gorila (m)	горилла	[gorɪlla]
macaco (m)	макака	[makaka]
gibão (m)	гиббон	[gɪbbon]
elefante (m)	піл	[pil]
rinoceronte (m)	мүйізтұмсық	[mɥjiztʊmsiq]
girafa (f)	керік	[kerik]
hipopótamo (m)	бегемот	[begemot]
canguru (m)	кенгуру	[kenguru]
coala (m)	коала	[koala]
mangusto (m)	мангуст	[mangust]
chinchila (m)	шиншилла	[ʃɪnʃɪlla]
doninha-fedorenta (f)	скунс	[skuns]
porco-espinho (m)	жайра	[ʒajra]

137. Animais domésticos

gata (f)	мысық	[misiq]
gato (m) macho	мысық	[misiq]
cão (m)	ит	[ɪt]

cavalo (m)	ат	[at]
garanhão (m)	айғыр	[ajɣir]
égua (f)	бие	[bɪe]
vaca (f)	сиыр	[sɪir]
touro (m)	бұқа	[buqa]
boi (m)	өгіз	[øgiz]
ovelha (f)	қой	[qoj]
carneiro (m)	қошқар	[qoʃqar]
cabra (f)	ешкі	[eʃki]
bode (m)	теке	[teke]
burro (m)	есек	[esek]
mula (f)	қашыр	[qaʃir]
porco (m)	шошқа	[ʃoʃqa]
leitão (m)	торай	[toraj]
coelho (m)	үй қояны	[ʉj qojani]
galinha (f)	тауық	[tawiq]
galo (m)	әтеш	[æteʃ]
pata (f)	үйрек	[ʉjrek]
pato (macho)	кежек	[keʒek]
ganso (m)	қаз	[qaz]
peru (m)	күркетауық	[kʉrqetawiq]
perua (f)	күркетауық	[kʉrqetawiq]
animais (m pl) domésticos	үй жануарлары	[ʉj ʒanuarlari]
domesticado	қол	[qol]
domesticar (vt)	қолға үйрету	[qolɣa ʉjretu]
criar (vt)	өсіру	[øsiru]
quinta (f)	ферма	[ferma]
aves (f pl) domésticas	үй құсы	[ʉj qusi]
gado (m)	мал	[mal]
rebanho (m), manada (f)	табын	[tabin]
estábulo (m)	ат қора	[at qora]
pocilga (f)	шошқа қора	[ʃoʃqa qora]
estábulo (m)	сиыр қора	[sɪir qora]
coelheira (f)	үй қояны күркесі	[ʉj qojani kʉrqesi]
galinheiro (m)	тауық қора	[tawiq qora]

138. Pássaros

pássaro (m), ave (f)	құс	[qus]
pombo (m)	көгершін	[køgerʃin]
pardal (m)	торғай	[torɣaj]
chapim-real (m)	сары шымшық	[sari ʃimʃiq]
pega-rabuda (f)	сауысқан	[sawisqan]
corvo (m)	құзғын	[quzɣin]

gralha (f) cinzenta	қарға	[qarɣa]
gralha-de-nuca-cinzenta (f)	шауқарға	[ʃauqarɣa]
gralha-calva (f)	ұзақ	[ʊzaq]
pato (m)	үйрек	[ʉjrek]
ganso (m)	қаз	[qaz]
faisão (m)	қырғауыл	[qɨrɣawɨl]
águia (f)	бүркіт	[bʉrkit]
açor (m)	қаршыға	[qarʃɨɣa]
falcão (m)	қыран	[qiran]
abutre (m)	күшіген	[kʉʃigen]
condor (m)	кондор	[kondor]
cisne (m)	аққу	[aqqu]
grou (m)	тырна	[tɨrna]
cegonha (f)	ләйлек	[læjlek]
papagaio (m)	тоты құс	[totɨ qʊs]
beija-flor (m)	колибри	[kolɪbrɪ]
pavão (m)	тауыс	[tawɨs]
avestruz (m)	түйеқұс	[tʉjeqʊs]
garça (f)	аққутан	[aqqʊtan]
flamingo (m)	қоқиқаз	[qoqɪqaz]
pelicano (m)	бірқазан	[birqazan]
rouxinol (m)	бұлбұл	[bʊlbʊl]
andorinha (f)	қарлығаш	[qarlɨɣaʃ]
tordo-zornal (m)	барылдақ торғай	[barɨldaq torɣaj]
tordo-músico (m)	әнші шымшық	[ænʃi ʃɨmʃɨq]
melro-preto (m)	қара барылдақ торғай	[qara barɨldaq torɣaj]
andorinhão (m)	стриж	[strɪʒ]
cotovia (f)	бозторғай	[boztorɣaj]
codorna (f)	бөдене	[bødene]
cuco (m)	көкек	[køkek]
coruja (f)	жапалақ	[ʒapalaq]
corujão, bufo (m)	үкі	[ʉki]
tetraz-grande (m)	саңырау құр	[saŋɨrau qʊr]
tetraz-lira (m)	бұлдырық	[bʊldiriq]
perdiz-cinzenta (f)	құр	[qʊr]
estorninho (m)	қараторғай	[qaratorɣaj]
canário (m)	шымшық	[ʃɨmʃɨq]
galinha-do-mato (f)	қарабауыр	[qarabawɨr]
tentilhão (m)	қызыл	[qɨzɨl]
dom-fafe (m)	бозшымшық	[bozʃɨmʃɨq]
gaivota (f)	шағала	[ʃaɣala]
albatroz (m)	альбатрос	[alʲbatros]
pinguim (m)	пингвин	[pɪŋgvɪn]

139. Peixes. Animais marinhos

brema (f)	ақтабан	[aqtaban]
carpa (f)	тұқы	[tuqi]
perca (f)	алабұға	[alabuɣa]
siluro (m)	жайын	[ʒajin]
lúcio (m)	шортан	[ʃortan]
salmão (m)	лосось	[lososʲ]
esturjão (m)	бекіре	[bekire]
arenque (m)	майшабақ	[majʃabaq]
salmão (m)	ақсерке	[aqserqe]
cavala, sarda (f)	скумбрия	[skumbrıja]
solha (f)	камбала	[kambala]
lúcio perca (m)	көксерке	[køkserke]
bacalhau (m)	треска	[treska]
atum (m)	тунец	[tunets]
truta (f)	бахтах	[bahtah]
enguia (f)	жыланбалық	[ʒilanbaliq]
raia elétrica (f)	электр құламасы	[ɛlektr qulamasi]
moreia (f)	мурена	[murena]
piranha (f)	пиранья	[pıranʲa]
tubarão (m)	акула	[akula]
golfinho (m)	дельфин	[delʲfın]
baleia (f)	кит	[kıt]
caranguejo (m)	теңіз шаяны	[teŋiz ʃajani]
medusa, alforreca (f)	медуза	[meduza]
polvo (m)	сегізаяқ	[segizajaq]
estrela-do-mar (f)	теңіз жұлдызы	[teŋiz ʒuldizi]
ouriço-do-mar (m)	теңіз кірпісі	[teŋiz kirpisi]
cavalo-marinho (m)	теңіздегі мысықтың баласы	[teŋizdegi misiqtıŋ balasi]
ostra (f)	устрица	[ustrıtsa]
camarão (m)	асшаян	[asʃajan]
lavagante (m)	омар	[omar]
lagosta (f)	лангуст	[langust]

140. Amfíbios. Répteis

serpente, cobra (f)	жылан	[ʒilan]
venenoso	улы	[uli]
víbora (f)	улы сұр жылан	[ulı sur ʒilan]
cobra-capelo, naja (f)	әбжылан	[æbʒilan]
pitão (m)	питон	[piton]
jiboia (f)	айдаһар	[ajdahar]

cobra-de-água (f)	сужылан	[suʒilan]
cascavel (f)	ысылдағыш улы жылан	[isildaɣɨʃ ulɨ ʒilan]
anaconda (f)	анаконда	[anakonda]
lagarto (m)	кесіртке	[kesirtke]
iguana (f)	игуана	[ɪguana]
varano (m)	келес	[keles]
salamandra (f)	саламандра	[salamandra]
camaleão (m)	хамелеон	[hameleon]
escorpião (m)	құршаян	[qʊrʃajan]
tartaruga (f)	тасбақа	[tasbaqa]
rã (f)	бақа	[baqa]
sapo (m)	құрбақа	[qʊrbaqa]
crocodilo (m)	қолтырауын	[qoltirawɨn]

141. Insetos

inseto (m)	бунақдене	[bunaqdene]
borboleta (f)	көбелек	[købelek]
formiga (f)	құмырсқа	[qʊmɨrsqa]
mosca (f)	шыбын	[ʃibɨn]
mosquito (m)	маса	[masa]
escaravelho (m)	қоңыз	[qoŋiz]
vespa (f)	ара	[ara]
abelha (f)	балара	[balara]
mamangava (f)	ара	[ara]
moscardo (m)	бөгелек	[bøgelek]
aranha (f)	өрмекші	[ørmekʃi]
teia (f) de aranha	өрмекшінің торы	[ørmekʃiniŋ tori]
libélula (f)	инелік	[ɪnelik]
gafanhoto-do-campo (m)	шегіртке	[ʃægirtke]
traça (f)	көбелек	[købelek]
barata (f)	тарақан	[taraqan]
carraça (f)	кене	[kene]
pulga (f)	бүрге	[bʉrge]
borrachudo (m)	шіркей	[ʃirkej]
gafanhoto (m)	шегіртке	[ʃægirtke]
caracol (m)	ұлу	[ʊlu]
grilo (m)	шырылдауық	[ʃirildawɨq]
pirilampo (m)	жылтырауық	[ʒiltirawɨq]
joaninha (f)	қызыл қоңыз	[qɨzɨl qoŋiz]
besouro (m)	зауза қоңыз	[zauza qoŋiz]
sanguessuga (f)	сүлік	[sʉlik]
lagarta (f)	қырықбуын	[qɨrɨqbuɨn]
minhoca (f)	құрт	[qʊrt]
larva (f)	құрт	[qʊrt]

Flora

142. Árvores

árvore (f)	ағаш	[aɣaʃ]
decídua	жапырақты	[ʒapiraqti]
conífera	қылқанды	[qilqandɨ]
perene	мәңгі жасыл	[mæŋgi ʒasil]
macieira (f)	алма ағашы	[alma aɣaʃi]
pereira (f)	алмұрт	[almʊrt]
cerejeira (f)	қызыл шие ағашы	[qɨzɨl ʃie aɣaʃi]
ginjeira (f)	кәдімгі шие ағашы	[kædimgi ʃie aɣaʃi]
ameixeira (f)	қара өрік	[qara ørik]
bétula (f)	қайың	[qajɨŋ]
carvalho (m)	емен	[emen]
tília (f)	жөке	[ʒøke]
choupo-tremedor (m)	көктерек	[køkterek]
bordo (m)	үйеңкі	[ʉjeŋki]
espruce-europeu (m)	шырша	[ʃirʃa]
pinheiro (m)	қарағай	[qaraɣaj]
alerce, lariço (m)	бал қарағай	[bal qaraɣaj]
abeto (m)	самырсын	[samɨrsɨn]
cedro (m)	балқарағай	[balqaraɣaj]
choupo, álamo (m)	терек	[terek]
tramazeira (f)	шетен	[ʃæten]
salgueiro (m)	үйеңкі	[ʉjeŋki]
amieiro (m)	қандағаш	[qandaɣaʃ]
faia (f)	шамшат	[ʃamʃat]
ulmeiro (m)	шегіршін	[ʃægirʃin]
freixo (m)	шетен	[ʃæten]
castanheiro (m)	талшын	[talʃin]
magnólia (f)	магнолия	[magnolɪja]
palmeira (f)	пальма	[palʲma]
cipreste (m)	сауырағаш	[sawiraɣaʃ]
mangue (m)	мангр ағашы	[mangr aɣaʃi]
embondeiro, baobá (m)	баобаб	[baobab]
eucalipto (m)	эвкалипт	[ɛvkalɪpt]
sequoia (f)	секвойя	[sekvoja]

143. Arbustos

arbusto (m)	бұта	[bʊta]
arbusto (m), moita (f)	бұта	[bʊta]

| videira (f) | жүзім | [ʒuzim] |
| vinhedo (m) | жүзім егісі | [ʒuzim egisi] |

framboeseira (f)	таңқурай	[taŋquraj]
groselheira-vermelha (f)	қызыл қарақат	[qɨzɨɫ qaraqat]
groselheira (f) espinhosa	тұшала	[tuʃala]

acácia (f)	қараған	[qaraɣan]
bérberis (f)	зерек	[zerek]
jasmim (m)	ақгүл	[aqgʉl]

junípero (m)	арша	[arʃa]
roseira (f)	қызғылт бұта	[qɨzɣɨɫt buta]
roseira (f) brava	итмұрын	[ɪtmurin]

144. Frutos. Bagas

fruta (f)	жеміс	[ʒemis]
frutas (f pl)	жемістер	[ʒemister]
maçã (f)	алма	[alma]
pera (f)	алмұрт	[almurt]
ameixa (f)	қара өрік	[qara ørik]

morango (m)	бүлдірген	[buldirgen]
ginja (f)	кәдімгі шие	[kædɪmgɪ ʃɪe]
cereja (f)	қызыл шие	[qɨzɨɫ ʃɪe]
uva (f)	жүзім	[ʒuzim]

framboesa (f)	таңқурай	[taŋquraj]
groselha (f) preta	қарақат	[qaraqat]
groselha (f) vermelha	қызыл қарақат	[qɨzɨɫ qaraqat]

| groselha (f) espinhosa | тұшала | [tuʃala] |
| oxicoco (m) | мүк жидегі | [mʉk ʒɪdegi] |

laranja (f)	апельсин	[apelʲsɨn]
tangerina (f)	мандарин	[mandarɨn]
ananás (m)	ананас	[ananas]

| banana (f) | банан | [banan] |
| tâmara (f) | құрма | [qurma] |

limão (m)	лимон	[lɪmon]
damasco (m)	өрік	[ørik]
pêssego (m)	шабдалы	[ʃabdalɨ]

| kiwi (m) | киви | [kɪvɪ] |
| toranja (f) | грейпфрут | [grejpfrut] |

baga (f)	жидек	[ʒɪdek]
bagas (f pl)	жидектер	[ʒɪdekter]
arando (m) vermelho	итбүлдірген	[ɪtbuldirgen]
morango-silvestre (m)	қой бүлдірген	[qoj buldirgen]
mirtilo (m)	қара жидек	[qara ʒɪdek]

145. Flores. Plantas

flor (f)	**гүл**	[gʉl]
ramo (m) de flores	**гүл шоғы**	[gʉl ʃoɣɨ]
rosa (f)	**раушан**	[rauʃan]
tulipa (f)	**қызғалдақ**	[qɨzɣaldaq]
cravo (m)	**қалампыр**	[qalampɨr]
gladíolo (m)	**гладиолус**	[gladıolus]
centáurea (f)	**гүлкекіре**	[gʉlkekire]
campânula (f)	**қоңырау**	[qoŋɨrau]
dente-de-leão (m)	**бақбақ**	[baqbaq]
camomila (f)	**түйметағы**	[tʉjmetaɣɨ]
aloé (m)	**алоэ**	[aloɛ]
cato (m)	**кактус**	[kaktus]
fícus (m)	**фикус**	[fıkus]
lírio (m)	**лалагүл**	[lalagʉl]
gerânio (m)	**герань**	[geranʲ]
jacinto (m)	**сүмбілгүл**	[sʉmbilgʉl]
mimosa (f)	**мимоза**	[mımoza]
narciso (m)	**нарцисс**	[nartsıss]
capuchinha (f)	**настурция**	[nasturtsıja]
orquídea (f)	**орхидея**	[orhıdeja]
peónia (f)	**пион**	[pıon]
violeta (f)	**шегіргүл**	[ʃægirgʉl]
amor-perfeito (m)	**сарғалдақтар**	[sarɣaldaqtar]
não-me-esqueças (m)	**ботакөз**	[botakøz]
margarida (f)	**әсел**	[æsel]
papoula (f)	**көкнәр**	[køknær]
cânhamo (m)	**сора**	[sora]
hortelã (f)	**жалбыз**	[ʒalbɨz]
lírio-do-vale (m)	**меруертгүл**	[meruertgʉl]
campânula-branca (f)	**бәйшешек**	[bæjʃeʃek]
urtiga (f)	**қалақай**	[qalaqaj]
azeda (f)	**қымыздық**	[qɨmɨzdɨq]
nenúfar (m)	**құмыра гүл**	[qʊmɨra gʉl]
feto (m), samambaia (f)	**қырыққұлақ**	[qɨrɨqqʊlaq]
líquen (m)	**қына**	[qɨna]
estufa (f)	**жылыжай**	[ʒɨlɨʒaj]
relvado (m)	**көгал**	[køgal]
canteiro (m) de flores	**гүлбағы**	[gʉlbaɣɨ]
planta (f)	**өсімдік**	[øsimdik]
erva (f)	**шөп**	[ʃøp]
folha (f) de erva	**бір тал шөп**	[bir tal ʃøp]

folha (f)	жапырақ	[ʒapiraq]
pétala (f)	күлте	[kʉlte]
talo (m)	сабақ	[sabaq]
tubérculo (m)	түйнек	[tʉjnek]

| broto, rebento (m) | өскін | [øskin] |
| espinho (m) | тікенек | [tikenek] |

florescer (vi)	гүлдеу	[gʉldeu]
murchar (vi)	сарғаю	[sarɣaju]
cheiro (m)	иіс	[ɩis]
cortar (flores)	кесу	[kesu]
colher (uma flor)	үзу	[ʉzu]

146. Cereais, grãos

grão (m)	дән	[dæn]
cereais (plantas)	астық дақыл өсімдіктері	[astiq daqil øsimdikteri]
espiga (f)	масақ	[masaq]

trigo (m)	бидай	[bɩdaj]
centeio (m)	қара бидай	[qara bɩdaj]
aveia (f)	сұлы	[suli]
milho-miúdo (m)	тары	[tari]
cevada (f)	арпа	[arpa]

milho (m)	жүгері	[ʒʉgeri]
arroz (m)	күріш	[kʉriʃ]
trigo-sarraceno (m)	қарақұмық	[qaraqumɩq]

ervilha (f)	бұршақ	[burʃaq]
feijão (m)	бұршақ	[burʃaq]
soja (f)	соя	[soja]
lentilha (f)	жасымық	[ʒasimiq]
fava (f)	ірі бұршақтар	[iri burʃaqtar]

PAÍSES. NACIONALIDADES

147. Europa Ocidental

Europa (f)	Еуропа	[europa]
União (f) Europeia	Еуропалық одақ	[europaliq odaq]
Áustria (f)	Австрия	[avstrɪja]
Grã-Bretanha (f)	Ұлыбритания	[ulibrɪtanija]
Inglaterra (f)	Англия	[anglɪja]
Bélgica (f)	Бельгия	[belʲgɪja]
Alemanha (f)	Германия	[germanɪja]
Países (m pl) Baixos	Нидерланд	[nɪderland]
Holanda (f)	Голландия	[gollandɪja]
Grécia (f)	Грекия	[grekɪja]
Dinamarca (f)	Дания	[danɪja]
Irlanda (f)	Ирландия	[ɪrlandɪja]
Islândia (f)	Исландия	[ɪslandɪja]
Espanha (f)	Испания	[ɪspanɪja]
Itália (f)	Италия	[ɪtalɪja]
Chipre (m)	Кипр	[kɪpr]
Malta (f)	Мальта	[malʲta]
Noruega (f)	Норвегия	[norvegɪja]
Portugal (m)	Португалия	[portugalɪja]
Finlândia (f)	Финляндия	[fɪnljandɪja]
França (f)	Франция	[frantsɪja]
Suécia (f)	Швеция	[ʃvetsɪja]
Suíça (f)	Швейцария	[ʃvejtsarɪja]
Escócia (f)	Шотландия	[ʃotlandɪja]
Vaticano (m)	Ватикан	[vatɪkan]
Liechtenstein (m)	Лихтенштейн	[lɪhtenʃtejn]
Luxemburgo (m)	Люксембург	[ljuksemburg]
Mónaco (m)	Монако	[monako]

148. Europa Central e de Leste

Albânia (f)	Албания	[albanɪja]
Bulgária (f)	Болгария	[bolgarɪja]
Hungria (f)	Мажарстан	[maʒarstan]
Letónia (f)	Латвия	[latvɪja]
Lituânia (f)	Литва	[lɪtva]
Polónia (f)	Польша	[polʲʃa]

Roménia (f)	Румыния	[rumınıja]
Sérvia (f)	Сербия	[serbıja]
Eslováquia (f)	Словакия	[slovakıja]

Croácia (f)	Хорватия	[horvatıja]
República (f) Checa	Чехия	[tʃehıja]
Estónia (f)	Эстония	[ɛstonıja]

Bósnia e Herzegovina (f)	Босния мен Герцеговина	[bosnıja men gertsegovına]
Macedónia (f)	Македония	[makedonıja]
Eslovénia (f)	Словения	[slovenıja]
Montenegro (m)	Черногория	[tʃernogorıja]

149. Países da ex-URSS

| Azerbaijão (m) | Әзірбайжан | [æzirbajʒan] |
| Arménia (f) | Әрменстан | [ærmenstan] |

Bielorrússia (f)	Беларусь	[belarusʲ]
Geórgia (f)	Гүржістан	[gurʒistan]
Cazaquistão (m)	Қазақстан	[qazaqhstan]
Quirguistão (m)	Қырғызстан	[qirɣɨzstan]
Moldávia (f)	Молдова	[moldova]

| Rússia (f) | Ресей | [resej] |
| Ucrânia (f) | Украина | [ukraına] |

Tajiquistão (m)	Тәжікстан	[tæʒikistan]
Turquemenistão (m)	Түрікменстан	[turikmenstan]
Uzbequistão (f)	Өзбекистан	[øzbekıstan]

150. Asia

Ásia (f)	Азия	[azıja]
Vietname (m)	Вьетнам	[vʲetnam]
Índia (f)	Үндістан	[ʉndistan]
Israel (m)	Израиль	[ızraılʲ]

China (f)	Қытай	[qitaj]
Líbano (m)	Ливан	[lıvan]
Mongólia (f)	Монғолия	[monɣolıja]

| Malásia (f) | Малайзия | [malajzıja] |
| Paquistão (m) | Пәкістан | [pækistan] |

Arábia (f) Saudita	Сауди Арабстан	[saudı arabstan]
Tailândia (f)	Таиланд	[taıland]
Taiwan (m)	Тайвань	[tajvanʲ]
Turquia (f)	Түркия	[turkıja]
Japão (m)	Жапония	[ʒaponıja]
Afeganistão (m)	Ауғаныстан	[auɣanistan]
Bangladesh (m)	Бангладеш	[bangladeʃ]

Indonésia (f)	Индонезия	[ındonezıja]
Jordânia (f)	Иордания	[ıordanıja]
Iraque (m)	Ирак	[ırak]
Irão (m)	Иран	[ıran]
Camboja (f)	Камбоджа	[kambodʒa]
Kuwait (m)	Кувейт	[kuvejt]
Laos (m)	Лаос	[laos]
Myanmar (m), Birmânia (f)	Мьянма	[mʲanma]
Nepal (m)	Непал	[nepal]
Emirados Árabes Unidos	Біріккен Араб Эмираттары	[biriken arab ɛmıratari]
Síria (f)	Сирия	[sırıja]
Palestina (f)	Палестина	[palestına]
Coreia do Sul (f)	Оңтүстік Корея	[oŋtʉstik koreja]
Coreia do Norte (f)	Солтүстік Корея	[soltʉstik koreja]

151. América do Norte

Estados Unidos da América	Америка құрама штаттары	[amerıka qʉrama ʃtattari]
Canadá (m)	Канада	[kanada]
México (m)	Мексика	[meksıka]

152. América Central do Sul

Argentina (f)	Аргентина	[argentına]
Brasil (m)	Бразилия	[brazılıja]
Colômbia (f)	Колумбия	[kolumbıja]
Cuba (f)	Куба	[kuba]
Chile (m)	Чили	[tʃılı]
Bolívia (f)	Боливия	[bolıvıja]
Venezuela (f)	Венесуэла	[venesuɛla]
Paraguai (m)	Парагвай	[paragvaj]
Peru (m)	Перу	[peru]
Suriname (m)	Суринам	[surınam]
Uruguai (m)	Уругвай	[urugvaj]
Equador (m)	Эквадор	[ɛkvador]
Bahamas (f pl)	Багам аралдары	[bagam araldari]
Haiti (m)	Гаити	[gaıtı]
República (f) Dominicana	Доминикан республикасы	[domınıkan respublıkasi]
Panamá (m)	Панама	[panama]
Jamaica (f)	Ямайка	[jamajka]

153. Africa

Egito (m)	Мысыр	[misir]
Marrocos	Марокко	[marokko]
Tunísia (f)	Тунис	[tunıs]
Gana (f)	Гана	[gana]
Zanzibar (m)	Занзибар	[zanzıbar]
Quénia (f)	Кения	[kenıja]
Líbia (f)	Ливия	[lıvıja]
Madagáscar (m)	Мадагаскар	[madagaskar]
Namíbia (f)	Намибия	[namıbıja]
Senegal (m)	Сенегал	[senegal]
Tanzânia (f)	Танзания	[tanzanıja]
África do Sul (f)	ОАР	[oar]

154. Austrália. Oceania

Austrália (f)	Австралия	[avstralıja]
Nova Zelândia (f)	Жаңа Зеландия	[ʒaŋa zelandıja]
Tasmânia (f)	Тасмания	[tasmanıja]
Polinésia Francesa (f)	Франция Полинезиясы	[franʦıja polınezıjasi]

155. Cidades

Amesterdão	Амстердам	[amsterdam]
Ancara	Анкара	[ankara]
Atenas	Афины	[afıni]
Bagdade	Бағдад	[baɣdad]
Banguecoque	Бангкок	[bangkok]
Barcelona	Барселона	[barselona]
Beirute	Бейрут	[bejrut]
Berlim	Берлин	[berlın]
Bombaim	Бомбей	[bombej]
Bona	Бонн	[bon]
Bordéus	Бордо	[bordo]
Bratislava	Братислава	[bratıslava]
Bruxelas	Брюссель	[brjusselʲ]
Bucareste	Бухарест	[buharest]
Budapeste	Будапешт	[budapeʃt]
Cairo	Каир	[kaır]
Calcutá	Калькутта	[kalʲkutta]
Chicago	Чикаго	[tʃıkago]
Cidade do México	Мехико	[mehıko]
Copenhaga	Копенгаген	[kopengagen]
Dar es Salaam	Дар-эс-Салам	[dar ɛs salam]

Deli	Дели	[delı]
Dubai	Дубай	[dubaj]
Dublin, Dublim	Дублин	[dublın]
Düsseldorf	Дюссельдорф	[djusselʲdorf]
Estocolmo	Стокгольм	[stokgolʲm]
Florença	Флоренция	[florentsıja]
Frankfurt	Франкфурт	[frankfurt]
Genebra	Женева	[ʒeneva]
Haia	Гаага	[gaaga]
Hamburgo	Гамбург	[gamburg]
Hanói	Ханой	[hanoj]
Havana	Гавана	[gavana]
Helsínquia	Хельсинки	[helʲsınkı]
Hiroshima	Хиросима	[hırosıma]
Hong Kong	Гонконг	[gongkong]
Istambul	Стамбұл	[stambʊl]
Jerusalém	Иерусалим	[ıerusalım]
Kiev	Киев	[kıev]
Kuala Lumpur	Куала-Лумпур	[kuala lumpur]
Lisboa	Лиссабон	[lıssabon]
Londres	Лондон	[london]
Los Angeles	Лос-Анджелес	[los andʒeles]
Lion	Лион	[lıon]
Madrid	Мадрид	[madrıd]
Marselha	Марсель	[marselʲ]
Miami	Майями	[majamı]
Montreal	Монреаль	[monrealʲ]
Moscovo	Мәскеу	[mæskeu]
Munique	Мюнхен	[mjunhen]
Nairóbi	Найроби	[najrobı]
Nápoles	Неаполь	[neapolʲ]
Nice	Ницца	[nıtsa]
Nova York	Нью-Йорк	[nʲu jork]
Oslo	Осло	[oslo]
Ottawa	Оттава	[ottava]
Paris	Париж	[parıʒ]
Pequim	Бейжің	[bejʒiŋ]
Praga	Прага	[praga]
Rio de Janeiro	Рио-де-Жанейро	[rıo de ʒanejro]
Roma	Рим	[rım]
São Petersburgo	Санкт-Петербург	[sankt peterburg]
Seul	Сеул	[seul]
Singapura	Сингапур	[sıngapur]
Sydney	Сидней	[sıdnej]
Taipé	Тайпей	[tajpej]
Tóquio	Токио	[tokıo]
Toronto	Торонто	[toronto]
Varsóvia	Варшава	[varʃava]

Veneza	**Венеция**	[venetsıja]
Viena	**Вена**	[vena]
Washington	**Вашингтон**	[vaʃıngton]
Xangai	**Шанхай**	[ʃanhaj]

www.ingramcontent.com/pod-product-compliance
Lightning Source LLC
Chambersburg PA
CBHW070602050426
42450CB00011B/2953